3040부터 시작하는

행복한 실버 디자인

3040부터 시작하는

행복한 실버 디자인

마스조에 요이치 지음 | 이성현 옮김

다산미디어

머리말

최근 세상은 크게 변하고 있다는 사실을 실감하게 하는 일들이 자주 일어나고 있다. 2004년도 고액납세자 순위(이른바 부자 랭킹)에서 일개 회사원에 불과한 기요하라 다츠로 씨가 1위에 오른 것이다. 기요하라 씨는 투자자문회사의 부장으로 근무하고 있는데 그는 실적에 따라서 급여를 받고 있으며, 2004년도에 약 100억 엔(약 1천억 원)의 수입을 올렸다고 한다. 소득세만 해도 37억 엔을 낸 것이다.

일본에서 이런 경우는 거의 생각조차 할 수 없는 일이었다. 제2차 세계대전이 끝나고 일본 기업들은 가족을 중심으로 운영해 왔다. 여기에 종신고용제나 연공서열제, 노동조합 등, 일본식 경영의 3가지 기둥에 의지하여 발전하며 종업원의 복리를 모색해 왔다.

그러나 이 같은 일본식 경영은 붕괴되고 말았다. 기요하라 씨는 도쿄대학을 졸업하고 그 후 여러 증권회사에서 일을 했다. 그는 성과주의에 따라 임금을 받았기 때문에 종신고용제나 연공서열제와는 무관했다. 개인의 재능과 능력만이 일류가 될 수 있는 금융업계에서 자신의 실력을 능력껏 발휘한 것이다.

최근에는 인터넷 기업을 운영하는 30대의 호리에 사장이 '니혼방송국'을 매수하려고 하여 큰 화제가 되기도 했다. 국회에서는 회사법을 개정하려는 움직임이 한창인데, 기업매수에 관한 국민적 관심이 고조되고 있어 원안수정이 불가피해지고 있다. 이 또한 기업의 존재방식이 변할 수밖에 없음을 알리는 신호이다.

회사의 구성원으로서 인생의 허다한 시간을 회사를 위해 살아온 수많은 사람들은 이러한 사건으로 말미암아 가치관의 전환에 직면하지 않을 수 없게 되었다. 특히 제1차 베이비붐 세대에 태어난 사람들은 정년 퇴직을 눈앞에 두고 있다. 이들은 인생 80세 시대라는 요즘, 정년 퇴직 후의 20년을 어떻게 보낼 것인가에 대해 고민을 하고 있다. 여가시간은 늘어났지만 돈이 없으면 아무 것도 할 수 없기 때문이다.

이 책은 정년 퇴직을 앞 둔 사람들이 노후를 준비하는데 도움이 될 수 있도록 아이디어를 제공하려고 한다.

먼저 재정계획부터 살펴보자. 제1장에서는 밸런스시트 작성법에 대하여 설명한다. 제2장에서는 자산관리의 중요성에 대해 은행예금, 생명보험, 연금 등을 구체적으로 검토해 보았다. 제3장에서는 에도시대를 모델로 하여 정년 퇴직 후의 행복한 삶에 대하여 다룬다. 제4장에서는 건강에 관한 내용을 다루었다. 특히 노인 간병문제에 있어서 필자 자신이 직접 간병했던 체험을 바탕으로 여러 각도에서 아이디어를 생각해 보았다.

이 책을 참고로 노후를 잘 준비하여, 정년 퇴직 후에도 즐거운 삶을 이어갈 수 있기를 기대한다.

마스조에 요이치

차 례

두 번째 이야기 | 투자운용의 포인트-시대의 흐름을 읽다

세 번째 이야기 | 인생의 밸런스시트

네 번째 이야기 | 변화하고 있는 간병

첫 번째 이야기

자산에 대한 재정계획을 세운다

가계의 밸런스시트를 만들자

내 취미는 숫자 분석

내 취미는 다소 특이한 편이다. 매일 바쁘게 생활하다가도 긴장을 풀고 싶거나 스트레스를 풀고 싶을 때는 숫자를 놓고 분석을 한다.

어떤 숫자라도 상관이 없다. 숫자 하나하나는 단지 숫자에 불과하지만, 그 숫자가 어디에서 출발했고, 어떤 의미를 갖고 있는지를 분석해 보면 거기에 빠져 들게 된다. 그러다 보면 잡념이 사라져 버린다. 무엇보다 숫자 분석을 너무 좋아하다 보니 가족들이 잠든 밤에도 책상에 혼자 앉아 있는 경우가 많다.

예를 들어 국가 예산서는 숫자를 분석하는 데 있어서 매우 좋은 재료가 된다.

국가 예산이라는 말에 일본은 '80조 엔 규모'라는 문구를 떠올리는 독자들도 있을 것이다. 물론 그것은 일반회계에 국한된 숫자이다.

국가 예산은 일반회계만 있는 것이 아니라 특별회계라는 또 다른 예산도 있다. 예를 들어 급여 등으로 이루어지는 가계(家計)를 일반회계라고 한다면, 임시수입 등의 회계를 특별회계라고 할 수 있는 것이다. 당연히 일반회계가 주를 이루고 특별회계는 보조적인 역할을 한다고 생각하기 쉽다. 그러나 일본의 경우는 특별회계의 규모가 훨씬 더 크다.

2005년도를 살펴보면 일반회계는 82조 1829억 엔인 반면, 특별회계는 411조 9442억 엔이었다. 특별회계가 일반회계의 4.5배의 규모인 것이다.

물론 특별회계에는 '후생연금 특별회계'나 '노동보험 특별회계', '자동차 검사등록 특별회계'와 같은 보험료 수입이나 사업 수입이 포함되기 때문에, 모든 것을 세금으로 조달하는 것은 아니다. 하지만 거액의 세금이 투입되고 있다는 점은 틀림없는 사실이다. 국가의 예산을 철저하게 검토하여 숫자 하나하나에 적용해 보면 많은 것들이 드러난다.

서론이 길어졌는데, 숫자를 명확히 하고 분석하는 것은 일상에서도 매우 중요한 문제다. 국가 예산이나 가계 역시 기본적으로는 같은 구조이기 때문이다.

개인이 국가 예산을 계산하거나 파악할 필요는 없겠지만 가정의 수지는 반드시 파악해 두어야 한다.

특히 50세를 맞이하는 사람들은 정년을 눈앞에 두고 있다. 젊을 때에는 다소간의 문제가 발생해도 재출발할 수 있다. 그러나 50세를 넘기면 그렇게 할 수 없다.

정년까지의 수입은 대충 예상할 수 있다. 복권 등에 당첨되지 않는 한 수입액에 큰 변화가 없을 것이다. 또 약간의 자산을 보유한 사람일지라도 수입이 격감하는 정년 후의 생활에 대비하기 위해서는 자신과 관련된 숫자를 잘 분석해 두어야 한다.

그러나 미리 준비만 해 둔다면 걱정할 필요는 없다. 필자 자신도 대출금을 계산하고 은행 이자나 보험료를 계산해 보니, 어디에 돈을 쓰고 있는지를 알게 되었다.

특히 은행과 생명 보험료로 지불하고 있는 비용이 적지 않다는 사실을 알게 되었다. 그래서 은행과 생명보험에 관하여 여러 가지 조사를 해 보았다. 그러자 지금까지 비슷하다고 생각했던 금융기관이나 보험회사의 서비스가 전부 다르다는 사실을 알 수 있었다. 또 국내 기업과 외국계 기업은 그 차이가 더욱 크다는 사실도 알게 되었다.

국가 예산을 가계라고 생각한다면…

2005년도 재정 상황	1개월 분 가계로 환산했을 경우
세수입 + 세외수입(A) : 47.8조 엔 국채비(B) : 18.4조 엔	1세대 월 수입액(C) : 약 40만 엔 (보너스 포함) 주택담보대출 원리금 상환(D) : 약 15만 엔
(A) – (B) : 29.4조 엔	가처분 소득(C) – (D) : 약 25만 엔
일반세출 : 47.3조 엔 지방 교부세 등 : 16.1조 엔	가계비 : 약 39만 엔 고향에 송금 : 약 13만 엔
공채수입 : 34.4조 엔	부족분 = 대출 : 약 27만 엔
공채 잔액 : 538조 엔 정도	주택담보대출 잔금 : 약 5300만 엔

가계의 전제 : 1세대의 월수입은 2004년의 '후생연금 및 국민연금 재정 재계산'의 모델인 월평균 실제 급여수입을 참고로 산출함. 이 외의 항목은 1세대 월수입의 국가 세수, 세외수입에 대한 비율로 산출했다.

참고 : 재무성

나는 자산을 다시 파악해 보고 나만의 재정계획을 세우기로 했다. 그 결과 불필요한 지출을 줄일 수 있게 되었다.

자신의 가계를 파악한 후 노후 계획을 세우자

최근에는 가계부를 쓰는 남편들이 늘고 있다고 하지만 그래도 아직은 소수에 불과하다. 거의 대부분이 '가계는 아내에게 완전히 맡기고 나는 돈만 벌면 된다'고 생각한다.

그런데 거품경제가 붕괴된 후 일본 경제의 앞날에 짙은 그림자가 드리워졌다. 출산율의 감소와 고령화에 따라 노후도 불안해졌다. 이런 상황은 좀처럼 호전될 것 같아 보이지 않는다. 그렇기 때문에 자신의 가계를 아내에게만 맡겨둘 게 아니라, 함께 참여하여 정확하게 파악한 후, 부부의 노후계획을 세울 필요가 있는 것이다.

그렇다면 가계를 파악하고 노후의 계획을 세우려면 어떻게 해야 할까? 중요한 것은 현재의 상황을 파악하는 것이다. 우선 매월의 수입과 지출을 제대로 파악하는 것부터 시작해야 한다.

가장 좋은 방법은 가계부를 쓰는 것이다. 가계의 관리를 아내에게 맡기는 사람이라면 가계부를 점검해 보는 것이 좋다.

우선 수입을 살펴보자.

세금, 사회보장 보험료 등 급여에서 공제되는 금액이 얼마나 많은지 새삼스레 놀라게 될 것이다. 또 급여가 은행 계좌로 이체된다고 해서 급여 명세서를 자세히 살펴보지 않으면 안 된다. 세금이 사용되는 경로를 모르거나, 사회보험의 부정을 눈감아 주는 결과로 이어질 수 있기 때문이다.

이렇게 해서 자신의 수입을 파악했다면 그 다음은 지출을 생각해 본다. 식비와 광열비, 의료비, 교통비, 학비, 대출 상환금 등을 꼼꼼하게 점검하고, 가능하면 원 그래프로 그 비율을 환산해 보는 것이 좋다.

요즘 시판되는 컴퓨터 소프트웨어 중에는 이와 관련된 우수한 기능을 가진 것도 많으므로, 가계부 만들기, 도표 작성, 분석 등을 쉽게 할 수 있다. 또 소프트웨어를 사지 않더라도 인터넷의 무료 사이트를 이용하여 가계부를 작성할 수도 있다.

인터넷상에서 무료로 이용할 수 있는 가계부 사이트

이지데이 가계부 http://acc.ezday.co.kr

특징 : 손쉽게 가계부를 작성할 수 있고 통장관리, 일기, 재테크까지 다양한 서비스가 있다. 게시판으로 이용자 간의 의견교환도 가능하다.

인터넷 가계부 http://www.gagebu.co.kr

특징 : 간단한 가계부 서비스와 정보교환

그러면서 불필요한 지출이 없는지를 검토해 본다. 특히 가입한 생명보험 중에서 불필요한 것은 없는지, 조건이 불리한 것은 없는지를 조사해 본다. 불필요한 부분이 있다면 해약을 하거나, 보험회사를 변경하는 등 그에 상응하는 조치를 취해야 한다.

요즘 같은 불경기에는 수입을 늘린다는 것이 결코 쉬운 일은 아니다. 놀라울 정도로 낮은 금리가 장기간 지속되고 있다. 그래서 조금이라도 유리한 금융상품을 선택하려고 금융 관련서를 읽는 사람들도 많다. 그러나 가계비를 10%만 줄이면 10%의 금리가 붙는 금융상품을 구입한 것과 효과는 같다.

절약을 강조하면 궁상맞은 생각이 들 수도 있겠지만, '고금리의 금융상품을 구입했다'고 생각한다면 그런 생각이 들지 않을 것이다.

나 역시 매일 양복을 입기 때문에 옷값도 별로 들지 않으며 저녁식사는 거의 집에서 하고 있다. 아이들의 얼굴이 보고 싶어서 일찍 들어오기도 하지만, 아무래도 집에서 식사를 하면 식비가 많이 들지 않기 때문이다. 그리고 절약하기 위해서라기보다는 가정의 존재를 새롭게 확인하는 기회로 생각하려고 한다.

내 지갑의 속 사정

이쯤 해서 필자의 가계 사정을 밝혀 보겠다. 단, 나는 국회의원임과 동시에 주식회사 마스조에 정치경제연구소의 소장을 겸하고 있다. 그래서 정치활동을 포함하여 지출이 많기 때문에 독자 여러분들과는 다소 상황이 다를 수도 있다. 그러나 참고는 될 것이라고 생각한다.

먼저 나는 만약의 경우를 대비하여 300만 엔에서 500만 엔 정도는 언제라도 인출할 수 있도록 은행에 보통예금을 갖고 있다.

그렇다고 해서 우아한 노후생활을 보낼 수 있는 상황도 아니다. 뭐니뭐니 해도 어린 아이들이 둘이나 있기에 앞으로가 큰일이다. 이런 점을 고려하면 독자 여러분들과 큰 차이는 없을 것이다.

나는 아이들이 성인이 될 때까지 소요될 교육비의 지출이 상당할 것임을 각오하고 있다. 교육만은 제대로 받게 하고 싶은 마음은 어느 부모나 당연할 것이라고 생각하기 때문이다.

그러나 항상 지금처럼 건강하게 일할 수 있을까라는 일말의 불안감도 갖고 있다. 그래서 좀 무리를 해서 보험에 가입했다.

생명보험은 내가 세상을 떠났을 때 아내와 아이들이 2억 엔 정도의 보장을 받을 것이다. 회사도 마찬가지다. '마스조에 정치경제연구소'는 부채도 있고, 내가 만약 내일 갑자기 죽는다 하더라도 보험금으로 부채를 상환할 수 있도록 해 두어야 한다. 그러지 않으면 연구소의 연구원들이 많은 고생을 하게 될 것이다. 이런 상황을 감안해서 회사가 5억 엔 정도의 보험금을 받을 수 있도록 해 두었다.

가족에게 있어서 2억 엔이라는 금액은 각 가정의 상황이나 아이들의 연령에 따라 달라질 수 있다. 아이들에게 좋은 교육환경을 제공하고 싶다면 당연히 공립학교보다 사립학교가 나을 것이다. 이 경우에는 돈이 얼마나 필요할까? 네 살짜리 아이를 사립 유치원에 입학시켰을 때의 1년 수업료가 30만 엔이라는 말을 듣고 깜짝 놀랐다. 엄청난 액수의 금액이기 때문이다. 그래서 할 수 없이 생명보험 이외에 아이들의 학자금 보험에도 가입하여 현재 아이 한 명당 1년에 50만 엔 정도를 넣고 있다.

이런 상황이다 보니 웬만해서는 여유로운 생활을 할 수가 없다. 개인적으로 해외여행을 한다든가 하는 것은 이미 포기한 상태이다. 사실 아이들을 위해서라고 생각하니 고생이라는 생각은 들지 않는다.

그러나 제1차 베이비붐 세대의 샐러리맨들 가운데는 아이들이 이미 학교를 졸업하고 독립해서, 노부부 둘만이 살고 있는 사람들도 많다. 주택 대출금도 모두 상환했다면 유족 연금을 받을 수도 있다. 따라서 나처럼 고액의 생명보험에 가입할 필요가 없을 것이다.

그런 분들은 아이들이 학교에 다니고 있을 때 가입해 둔 생명보험을 그대로 유지하고 있는 경우가 많다고 한다. 그리고 아이들이 독립을 했기 때문에 그렇게 큰 보장도 필요하지 않을 것이다. 따라서 마음을 먹고 생명보험 계약 내용을 다시 한 번 점검해서 보험료를 줄이는 것이다. 자신의 취미를 위해 돈을 쓰는 것이 좋은 방법이라고 생각한다. 또 부부 두 사람뿐이라면 집을 팔고 세입자로 들어가는 것도 하나의 선택이라고 할 수 있다.

어쨌든 나의 경우는 보험료의 부담이 너무 크다. 나는 이 보험료를 국회의원의 실수령 급여 50만 엔, 내가 운영하는 연구소에서 받는 실수령액 35만 엔, 합계 85만 엔으로 꾸려가고 있다. 내 지갑은 내가 생각해도 이렇게 풍족하지가 않다.

밸런스시트를 만들자!

매일 혹은 1주일, 한 달, 1년 단위로 돈의 흐름을 파악했다면 이번에는 잔액 관리를 생각해 보자. 이를 위해서는 가정용 밸런스시트를 작성하는 것이 좋다.

밸런스시트란 대차대조표를 말한다. 여기서 소개하려는

것은 기업 회계에서 사용하는 엄밀한 의미의 밸런스시트와는 달리 아주 간단하다.

회사에서 말하는 밸런스시트는 어느 시점의 재정 상태를 나타내는 것으로, 기업의 자산이 얼마이며, 그 자산을 만들어 내기 위해 자본금은 얼마를 준비했고, 은행으로부터 얼마의 돈을 빌렸는지를 표시한 것이다. 따라서 '자산'은 '부채 + 자본금'과 같은 금액이 된다. 즉 '자산'과 '부채 · 자본'이 맞아떨어지는 것 때문에 밸런스시트라고 부른다. 덧붙여 설명하자면 결손액이 자본금 등 자기자본의 합계를 넘어선 경우를 채무 초과라고 한다.

가계에서 자기 집은 자산이 된다. 그러나 한편으로 주택융자금이 있을 것이고, 이는 부채가 된다.

간단한 가계 밸런스시트 작성법을 설명하겠다. 우선은 지금까지의 저축(자산)을 일람표로 만든다. 이때 유동자산과 고정자산으로 나누어 보자.

유동자산이란 언제든 현금화할 수 있는 자산을 말하는데, 예금이나 저금, 주식 등을 말한다.

고정자산이란 토지나 건물, 주택 즉 소유하고 있는 부동산을 말한다. 자동차도 고정자산이다.

그런데 항상 문제가 되는 것이 바로 이 고정자산이다. 즉시 현금화할 수 있는 유동자산과는 달리 고정자산은 팔아서 현금화하려고 해도 팔리지 않는 경우가 있다. 주택을 4000만 엔에 구입했으니 4000만 엔에 팔릴 것이라고 생각했는데, 2000만 엔도 되지 않았다는 경우는 드문 이야기가 아니다.

원인은 경제의 불황에 있다. 그런 만큼 필자도 이 불황이 빨리 종식되기를 바라는 정책을 제안하고 있다. 그러나 정부와 일본은행이 잘 움직이려 하지 않는다. 현실적으로 이 불황이라는 괴물은 신속히 퇴치하지 않으면 안 된다.

어쨌든 지금은 디플레이션 경제이므로 부동산의 자산가치는 하락하고 있다. 밸런스시트를 작성해 보면, 주택은 구입보다는 임대하는 편이 현명한 선택이라고 생각하는 사람들이 많아질 것이다.

자산가치가 떨어질 경우를 생각해 보면 자동차가 전형적이라고 할 수 있다. 새로운 자동차를 구입했다 하더라도 1주일만 지나면, 그 가치는 크게 줄어든다. 이처럼 자산, 특히 고정자산을 잘 파악해 두어야만 숫자에 큰 오류가 발생하지 않는다. 그런 의미에서 보더라도 반년에 한 번 혹은

1년에 한 번쯤은 밸런스시트를 다시 작성해 보는 것이 좋다.

자산을 계산했다면 다음은 부채를 계산한다. 전문적으로 만들고 싶다면 자산처럼 부채도 '유동부채'와 '고정부채'로 나누어 보는 것이 좋다. 1년 안에 상환해야 할 부채를 유동부채로 하고, 그 이상의 장기 부채는 고정부채로 한다.

앞에서 밸런스시트는 '자산 = 부채 + 자본'이라 말했다. 자산에서 부채를 차감한 결과가 플러스 숫자라면 그것은 자본에 해당한다. 그것이 당신의 실질적인 자산이다. 유감스럽게도 자산보다 부채가 많으면 자본은 마이너스가 된다. 즉 그 금액만큼 모자라는 것이다.

밸런스시트로 당신의 노후를 예상한다!

현재 자산과 부채의 관계를 밸런스시트로 만들었다. 다음으로 필요한 것은 현역 일선에서 물러나 연금을 수령하게 된 후부터의 밸런스시트를 작성해 보는 것이다.

일반적인 밸런스시트를 살펴보자.

연금 수입이 연간 200만 엔이라고 하자. 평균 수명인 80세까지 15년 동안 총 3000만 엔을 받을 수 있다고 예상해 보자. 이에 대해 지출은 얼마나 될까? 매월 생활비가 40만 엔에서 60만 엔이라면 연간 480만 엔이다. 현재 55세라고 생각하고 정년 퇴직을 하는 5년 후부터는 매월 30만 엔으로 생활한다고 생각하고 80세까지의 지출을 계산한다.

이 같은 방법으로 밸런스시트를 작성하면 아래 도표의 예에서는 지금 상태에서 퇴직했을 때 2900만 엔이 부족하다는 사실을 역산할 수 있다.

장래의 밸런스시트(예)

(단위 : 만엔)

자 산		부 채	
저축	1,500	생활비	9,600
퇴직금	1,500	(40만 엔×12개월×5년)+	
급여	3,500	(30×12×20)=9600만 엔	
(실수령액 700만 엔×5년)		보험료	300
연금	3,000	주택 융자금	1,000
(실수령액 200만 엔×15년)		주택 수리비	500
보험	1,000	기타	2,000
		자본	−2,900
총자산	**10,500**	**자본 · 부채**	**13,400**

자산을 어떻게 늘려 갈 것인가?

당신에게도 있는 '여유 자금'

당신이 퇴직한 후 밸런스시트는 어떤가? 퇴직금이나 연금을 합산하면 어느 정도 여유 있는 숫자가 나왔으리라 생각한다. 그러나 돈이 더 필요하다고 생각되는 사람들도 있을 것이다.

그렇다면 지금 보유한 자산을 어떻게 늘릴 것인가?

퇴직금이나 저축 등 다른 세대보다는 주머니 사정이 나

은 제1차 베이비붐 세대라면, 여유 자금을 운용하는 것이 가장 현실적인 재산 증식 방법이다.

여유 자금이란 현재 보유하고 있는 전 재산을 평균 수명 80세를 기준으로 역산하여 자신의 여생에 필요한 비용을 차감하고 남은 돈이다. 재산에는 연금이나 퇴직금도 가산한다. 만약 치매가 오거나 보행이 불가능해지더라도 노인 간병보험금이 지불된다. 또 병에 걸리더라도 대개는 의료보험으로 의료비의 70%는 보조를 받을 수 있다. 그러므로 필요 경비를 지나치게 많이 산출하지 않아도 된다. 그러면 보통 사람들의 경우는 어느 정도 여유 자금이 확보될 것이다.

이 여유 자금을 잘 운용하여 자산을 늘려 가는 것을 일컬어 재정계획이라고 한다. 위험성이 낮은 재정계획은 모든 여유 자산을 예금이나 저축으로 돌리는 방법이다.

그러나 지금처럼 초저금리 시대에는 몇 년이 지나도 돈이 늘지 않는다. 그래서 나는 자산을 효율적으로 운용하고 보다 견고하고 든든한 노후를 준비하고 싶다면, 여유 자금이니까 위험을 부담해도 상관없다고 생각하고, 금융상품의 구입을 검토해 보라고 권유하고 싶다.

단, 이때 중요한 것은 반드시 포트폴리오를 구성해야 한다. 투자의 안전성이나 유리한 점을 생각하여 자산을 분산 투자하는 행위를 포트폴리오 구성이라고 한다. 그런데 이 과정을 거치지 않고 투자를 하면 눈 깜짝할 사이에 자산을 날려 버릴지도 모른다.

포트폴리오를 구성할 때 일반적으로는, 부동산 · 유가증권 · 현금으로 3분할해서 생각하는 것이 좋다. 예를 들어 3000만 엔의 여유 자금이 있을 경우, 1000만 엔은 토지 · 가옥 등의 부동산으로 소유하고, 1000만 엔은 유가증권(주식, 채권 등)으로 보유한다. 그리고 나머지 1000만 엔은 현금(현금 및 예금, 저축)으로 보유한다.

이와 같이 자산을 3분할해서 보유하는 것이 상식이다. 그러나 대부분은 예금과 토지 등의 부동산으로 보유하는 경우가 압도적으로 많다. 특히 위험자산이라고 불리는 주식, 투자신탁 등의 유가증권은 거의 보유하려 하지 않는다.

실제로 2004년 9월에 일본은행이 발표한 2004년 6월 말 가계자산의 잔고는 1426조 엔에 달했지만, 대부분이 토지나 가옥 등의 부동산에 집중되어 있다.

이는 일본 경제에 있어서도 바람직하지 않다. 토지나 가옥 등의 부동산에 거금을 투자하면 소비를 줄이게 된다.

이렇게 경기 활성화의 견인차인 개인의 소비가 줄어들면 결과적으로 디플레이션이 장기화되는 원인이 된다.

단순히 생활만을 위한 것이라면, 자산의 많은 부분을 투입하여 부동산을 구입할 필요가 없다. 실제로 20~30년짜리 융자를 내면 상환총액은 차입액의 2배에 가까워진다. 이런 상황이라면 주택을 임대하는 편이 낫다. 거금을 지불하여 장기간의 융자를 받아서 주택을 구입하는 것은 부동산을 자산으로 너무 과대평가(혹은 착각)하려는 경향 때문이다.

또 고령자가 임대주택에 들어가기 힘들고 가족이 함께 사는 단독주택의 임대 시스템이 충분히 발달해 있지 않은 것도 많은 사람들이 주택을 필사적으로 구입하려는 이유가 되고 있다.

미국에서는 젊을 때 직장을 자주 바꾸기 때문에 그때마다 이사를 한다. 그러므로 주택은 구입하기보다는 빌리는 편이 훨씬 더 유리하다는 생각을 갖고 있다.

하지만 일본의 경우는 주택을 구입하면 평생 동안 거기서 사는 것을 원칙으로 한다. 만약 전근을 가게 되면 가족과 떨어져 혼자 부임을 하거나 집을 비워 두고 일시적으로 이사를 한다. 그래서인지 일본인은 한 번 취직을 하면 직장에서 좀처럼 떠나지를 않는다.

자신의 일에 대한 기술이나 재능을 인정받아 지방의 기업으로부터 헤드헌팅 제의를 받아도 쉽게 이사를 가지 않는다. 이렇게 인재의 흐름이 없으면 인재가 적재적소에 제대로 배치될 수 없다. 적재적소에 인재가 배치되지 않으면 당연히 경제에 있어서도 불리할 수밖에 없다.

개인적으로도 큰 손실이 될 것이다. 정년 퇴직을 했다고 해서 기회가 아예 없는 것도 아닌데 말이다. 능력이 있는 인재는 나이와 상관없이 일을 할 수 있는 기회가 찾아온다. 그런 상황에서 주택에 묶여서 기회를 놓친다는 것은 매우 안타까운 일이다.

포트폴리오를 구성함에 있어서 일본과 다른 나라의 차이

왜 일본은 부동산만이 유달리 두각을 나타내고 주식 등의 유가증권은 거의 보유하지 않는 것일까?

사실 그 원인은 인플레이션 경제에서 기인하고 있다. 제1차 베이비붐 세대가 겪은 지금까지의 시대는 고도 경제 성장기였을 뿐만 아니라, 전반적으로 인플레이션 시대였다고 할 수 있다. 지가나 건물 등의 부동산 가격이 지속적으로 상승한 것이다. 이 때문에 토지를 보유하려는 자세는 올바른 선택이었다.

그러나 알다시피 상황이 엄청나게 변해 버렸다. 현재 일본은 디플레이션에 완전히 빠져 있다. '지가가 하락하고 자산가치가 떨어져서, 수요가 줄어들고 물가는 하락하는' 부정적인 작용이 연쇄적으로 나타나고 있는 것이다. 이런 상황에서 자산 형성의 중심을 부동산에 두는 것은 어떤 관점에서 보아도 바람직하지 않다.

자산으로서 유가증권의 보유비율을 높여서 위험을 분산해야 한다.

단, 유가증권에 투자할 때에는 예금이나 저축과는 달리, 자산이 절반이나 그 이하로 줄어들 가능성도 있다. 실로 고위험 고수익 투자이므로 주의하면서 투자를 해야 한다.

실제로 거품경제가 붕괴되었을 때 주식이 휴지조각이 돼 버린 일들을 우리는 잘 기억하고 있다. 이 때문에 더 이상

주식투자를 하지 않게 된 사람도 있다. 그러나 극단적으로 말해서 여유 자금이란 없어진다 하더라도 생활을 꾸려 나가지 못하는 것은 아니다. 그러므로 지금처럼 은행금리가 제로에 가깝고 예금이나 저축으로는 자산을 증식할 수 없는 상황에서는, 다소 위험이 따르더라도 금융상품에 투자하는 것이 좋은 선택이라고 할 수 있다.

이때 여유 자금은 3등분 내지 4등분을 하여 주식이나 외화예금에 분산 투자하는 것이 좋다. 2000만 엔의 여유 자금이 있다면 500만 엔씩, 성격이 다른 금융상품에 분산 투자를 하여 자산을 증식해 나가는 것이다.

먼저 주식투자에 대해서 살펴보자. 주식투자를 위험하다고 생각하는 사람들이 있다. 하지만 정보를 잘 수집하여 우량기업에 투자한다면 장기적인 위험은 적다. 잘만 하면 투자한 금액을 2배로 불릴 수도 있다.

다음으로 외화예금을 해 보는 것이다. 500만 엔을 외화예금으로 보유하는 것이다. 외화예금으로 돈을 번다는 것은 환차익을 노린다는 뜻이다. 그런데 이 환율을 예상한다는 것이 결코 쉬운 일은 아니지만, 현재의 외화예금 금리는 엔 베이스의 예금 금리보다 높다. 또 엔화가 계속해서

절하되어 환차익이 3할 정도만 된다면, 500만 엔이 금방 650만 엔으로 불어나 150만 엔의 이익을 낼 수도 있다.

이렇게 쉽게 말을 했지만, 사실 투자란 항상 평정심을 갖고 임해야 하며 초조해지면 안 된다. 그러므로 주식투자와 같이 고위험 고수익의 상품에 투자할 때에는 어디까지나 여유 자금으로 운용하는 것이 절대적인 조건이 된다. 생활에 필요한 자금을 투자하는 등, 여유가 없는 상태에서 주식에 투자를 하여, 주가가 조금만 하락하면 불안한 마음에 손절매를 함으로써 계속해서 손해를 보는 사람들이 많다. 이에 반해 없어도 지금 당장은 곤란하지 않을 여유 자금이라면 똑같은 위기 상황이라도 냉정하게 대처할 수 있을 것이다. 그러면 주가가 하락해도 불안해하지 않고 상황을 더 지켜 볼 수 있다.

가격이 계속해서 하락하는데도 주식을 팔지 않고 참고 있는 상태를 '소금절임'이라고 야유하기도 한다. 가령 그렇다 하더라도 5~10년 동안 기다려서 주가가 올랐을 때 팔면 된다. 한편, 주가가 오르면 더 오르지 않을까라는 기대 때문에 좀처럼 팔지 못하는 사람도 있다. 그러나 오른 시점에서 미련을 두지 않고 주식을 팔면 이익을 확정지을 수 있다.

즉 정신적으로 우위에 서는 것이 고수익을 얻는 필수조건이 된다. 물론 여유 자금의 전부를 위험성이 따르는 금융상품에 투자하는 것은 올바른 선택이 아니다. 절반은 금융상품에 투자하고 나머지는 예금으로 보유하는 것이 좋다. 그러면 심리적으로도 여유가 생길 것이다. 자산의 운용은 결국 자신의 마음에 여유를 가질 수 있는 허용 범위 안에서 이루어지는 것이 가장 좋다. 또 성격적으로 투자에 적합한 사람과 그렇지 못한 사람의 차이도 있다. 이론을 숙지한 후에 개인의 성격에 맞춰서 운용하는 것이 올바른 자산운용 방법이라고 할 수 있다.

알아두면 좋은 투자 종류와 그 특징

여유 자금을 분산 투자할 때에는 수익성, 안전성, 유동성이라는 3가지의 관점에서 행해야 한다. 여기서 포트폴리오 선택의 후보가 될 수 있는 상품을 간단히 살펴보기로 하자.

주식투자

주식투자는 가장 일반적인 투자 방법 중의 하나이다. 장래성이 있는 기업, 좋은 상품이나 서비스를 제공하는 기업을 지원함으로써 이익(회수)을 얻는 것이 목적이다. 자산의 형성에 있어서 개인적으로도 의의가 있으며, 기업을 지원한다는 사회적 의의도 갖고 있다.

주식투자의 매력(기대할 수 있는 이점)으로는 다음과 같은 것들을 꼽을 수 있다.

① 가격 상승에 따른 차액(capital gain : 주가의 상승에 따른 매각 이익)

② 배당(회사가 얻은 이익의 환원)

③ 주식분할(이미 발행된 주식이 일정비율로 분할되어 주식 수가 늘어나는 것)

④ 주주우대(자사 상품이나 서비스의 제공)

단, 주가의 하락이나 발행 기업의 경영파탄이라는 위험도 수반된다. 그러므로 투자할 때에는 주식에 관한 지식을 쌓고, 상품에 관해서도 납득할 수 있을 때까지 조사를 해야 한다. 최근에는 인터넷상으로 주식을 거래하는 온라인트레이드가 성행하고 있다. 자택에서 거래를 할 수 있고 수수료도 저렴하기 때문이다. 많은 50~60대 투자가들도 인터넷으로 주식에 투자하고 있다.

투자신탁

많은 투자가들로부터 모은 자금을 하나로 합쳐서 전문가가 주식이나 채권 등에 투자하는 금융상품을 투자신탁(정식 명칭은 '증권투자신탁')이라고 한다. 운용에 따라 얻어진 수익은 해당 펀드를 구매한 사람들에게 출자액에 상응하게 분배한다.

투자신탁의 판매는 증권회사나 은행, 운용은 투신위탁회사, 보관·관리는 신탁은행과 각각의 전문가가 분담하는 구조이다. 이처럼 전문가에게 맡겨서 운용하기 때문에 투자가는 소액의 자금으로 분산 투자를 할 수 있다. 그리고 개인이 직접 주식이나 채권에 투자하는 것보다 위험이 줄어든다(단, 수익도 급격히 늘어나는 일이 없다). 은행예금처럼 원금은 보장되지 않지만 초저금리 시대이므로 예금과 비교했을 때 높은 수익을 기대할 수 있다. 개인이 주식에 투자할 경우와 비교하면 기본적으로 주식시장 전체가 상승하고 있을

금융상품의 위험성과 안전성

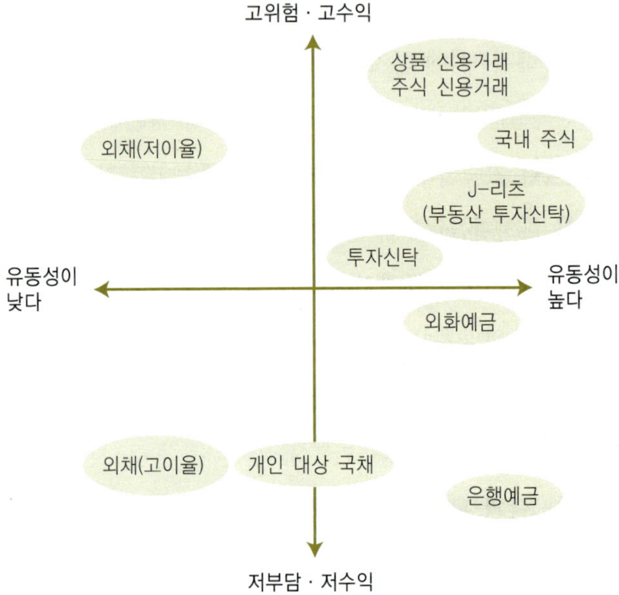

때에는 높은 수익을 올릴 수 있다. 또 시장 전체가 하향하는 경향일 때에도 위험을 줄일 수 있는 성격을 갖고 있다.

외화예금

'외화예금'은 엔을 달러나 유로화 등의 외화로 바꿔서

예금하는 것을 말한다. 기간은 1개월에서 1년짜리 정기예금이 주류를 이룬다. 최근에는 외화예금이 인기가 있어서, 호주 달러나 뉴질랜드 달러 등, 외국의 여러 통화로 예금할 수 있게 되었다. 외화예금은 주식투자에 비해 위험은 낮지만 수익이 적은 투자방법이다. 그래도 엔화를 예금하는 것보다 위험이 다소 높지만 소득은 더 많이 올릴 수 있다.

엔화를 외화로 환전할 때보다는 외환시장에서 엔저 움직임이 있을 때, 외화를 엔으로 다시 환전할 때 얻는 환차익으로 자산을 늘리는 것이 매력이다.

또 디플레이션의 불황이 지속되고 있는 일본은 최근 10년 이상 경기가 좋지 않다. 이 때문에 예금 금리가 매우 낮은 상태이며 외국이 상대적으로 금리가 높은 상태이다. 단, 수수료가 수익을 넘을 경우도 있기 때문에 예금에 따른 이익을 노리기보다는 순수한 환 투자라고 생각하는 편이 좋다.

개인 대상 국채

국채란 국가에서 발행하는 채권, 즉 일본 정부가 발행하는 차용증서로, '개인 대상 국채' 일 경우에는 개인만이 살 수 있다. 국채라는 금융상품은 예전부터 있었지만, 개인을 대상으로 하는 국채는 2003년에 처음 발매되었다. 개인 대상 국채의 특징은 다음과 같다.

① 1만 엔 단위로 살 수 있다.

② 우체국이나 은행, 증권회사 등 다양한 곳에서 구입할 수 있다(우체국이나 농협에서는 계좌 수수료가 무료).

③ 구입 후 1년 이상 경과하지 않으면 팔 수 없다(구입한 본인이 사망한 경우에는 1년 이내라도 팔 수 있다).

④ 반년에 한 번 배당이 있다(배당금은 경제 정세에 따라 변동되지만, 최저 금리가 0.05%로 되어 있으므로 원금이 줄어드는 일은 없다).

⑤ 만기는 10년이다.

⑥ 채권시장에서 매매, 매수가 없으므로 가격 변동은 없다.

외 채

'외채'란 미국 달러나 유로, 호주 달러 등 외화 표시로 발행된 채권을 말한다. 발행하는 나라에 따라 상환의 확실성이 다르며, 우량외채와 그렇지 못한 것으로 나눌 수 있다. 외화 베이스로는 수익률이 정해져 있기 때문에 만기까지 보유하면 해당 이자를 확실히 받을 수 있는 수익률이 확정된 상품이다. 상환기간은 약 1년에서 10년 이상의 것까지 종류가 다양하며, 동일한 미국 재무성 채권이라 하더라도 이자율은 상환일까지의 잔존기간에 따라 3년이면 약 3%, 13년이면 5% 정도와 같이 달라진다. 만약 13년 만기로 5%의 미국 재무성 채권을 액면가 1000만 엔에 구입하면, 13년 후에는 1650만 엔을 상환받을 수 있다.

단, 수익률은 어디까지나 외화 베이스가 된다. 아무리 수익률이 높더라도 투자했을 때와 엔으로 환산했을 때의 환율에 따라 수익이 크게 달라질 수 있으므로 주의가 필요하다.

외채는 증권회사에서 구입할 수 있다. 엔으로 환전할 때에는 기본적으로 구입할 당시보다 엔화 가치가 떨어지면 환차익을 얻을 수 있다. 하지만 외채는 이자를 지불하는 날짜나 상환하는 날짜가 정해져 있기 때문에, 환율을 확인하면서 엔으로 환전하기가 힘들다는 단점이 있다.

그런 위험을 피하기 위해서는 상환할 때 배당금과 원금을 외화 그대로 받아 주는 증권회사를 선택하는 것이 좋다.

그러면 엔화의 환율이 낮을 때를 노려서 엔으로 환전할 수 있다.

외채는 통상적으로 중도에 매각할 수 있지만, 기본적으로 상환만기까지 보유할 각오로 여유 자금을 투자하는 것이 좋다.

또 우량 외채와 그렇지 못한 외채가 있으므로, 리스크와 수익의 균형을 고려한 다음에 구입해야 한다. 외채를 구입해서 보유할 때에는 연간 3,150엔의 계좌 수수료가 소요된다. 너무 작은 소액 투자일 경우 소요되는 비용의 비율이 그만큼 높아지므로 주의하도록 한다.

상장 부동산 투자신탁(J-REIT)

'부동산 투자신탁'은 투자가들로부터 모은 자금을 오피스 빌딩 등과 같은 부동산에 투자함으로써, 임대수익이나 매각이익 등을 배당금으로 분배하는 것이다. 주식투신이나 공사채투신의 운용 대상이 부동산으로 바뀌었다고 생각하면 이해하기 쉽다. 미국에서는 1960년에 만들어진 'Real Estate Investment Trust'의 이니셜을 따서 REIT(리츠)라고 부른다. 일본에서는 이를 본떠서 'J-REIT'나 그냥

'REIT' 라고 부른다. 부동산 투자신탁의 매력은 첫째로 높은 수준의 배당 이익이다. 배당의 원천은 오피스 빌딩 등 부동산에서 나오는 임대료 수입인데, 예상되는 J-REIT의 수익률은 3~4% 정도이다.

그러나 다음과 같은 위험성도 존재하므로 주의해야 한다.

① 공실률이 높아지거나 경쟁이 치열해져서 임대료 수입이 감소하여 수익성이 떨어질 위험.

② 보유한 부동산이 특정 지역에 집중되어 있을 때 자연재해 등에 따른 위험.

③ 부동산 가격 하락에 따른 펀드 순자산도 하락할 위험.

REIT도 주식과 마찬가지로 펀드가 보유하는 부동산에 따라 수익이 결정된다. 보다 나은 부동산을 식별해야 할 필요가 있는 것이다.

기타 고위험 · 고수익 상품

주식 신용거래

'주식 신용거래' 에는, 매매 대금에 상당하는 현금으로 주식을 사는 '현물 매매' 에 대하여, 매매 대금의 최저 30%만 지불하고(또는 담보증권 등) 주식을 거래할 수 있는 '신용거래' 가 있다. 또 하나는 해당하는 대금을 차입해서 거래하는 '공매수', 주권을 빌려서 하는 '공매도' 의 3가지 종류가 있다. 신용거래는 현물 거래에 비해 적은 자금(위탁증거금)으로 큰 거래를 할 수 있으므로, 수익도 크지만 한편으로는 위험도 매우 크다. 또한 거래의 특징으로는 매매나 매수 두 가지를 다 할 수 있으므로 주가가 오르거나 내림에 관계없이 수익을 낼 수 있다.

위험성은 매우 높은 편이므로 투자한 자금이 없어질 수 있을 뿐 아니라 빚까지 질 수도 있다. 따라서 확실한 자신이 있고 여유 자금의 일부로 투자하는 경우가 아니라면 투자하지 않는 편이 좋다.

상품 선물거래

'상품 선물거래'란 상품거래소에 상장되어 있는 상품을 상품거래소가 정한 규칙에 따라 '장래의 일정 기일에 상품과 대금을 주고받는 식으로 결제하는 것'이다.

상품거래소에서는 매일 입회가 이루어지며 누구나 참가할 수 있는 공개시장이라는 것이 있다.

유리한 점은 주식 신용거래와 마찬가지로 매수, 매도 어느 것이든 할 수 있다는 것이다. 그리고 적은 보증금으로 매매가 가능하다. 따라서 당연히 위험부담이 높으므로 충분한 지식과 정보가 필요하다.

많은 외국에서는 석유 등을 안정적으로 공급하기 위해 기업들이 선물거래를 이용하고 있다. 일본에서는 에도시대에 오사카의 도시마에서 쌀의 선물거래가 이루어졌다. 알고 보면 세계의 다른 어느 국가보다 먼저 상품 선물거래를 시작한 나라이다. 선물거래에 도전할 경우에는 충분한 지식을 갖고 위험을 계산하고 나서 잘 판단한 후에 거래를 해야 한다.

어떻든 자산을 운용할 때 주의해야 할 점은 돈을 벌 수 있다고만 생각해서는 안 된다는 것이다. 왜냐하면 돈은 그렇게 쉽게 벌 수 있는 것이 아니기 때문이다. 주식투자의 경우 극단적으로 말하면, 특정 주식을 구입한 후에 주식이 오르느냐 내리느냐 둘 중에 하나다. 그러므로 수익을 낼 가능성도 있지만 손해를 입을 가능성도 있다는 점을 명심해 두어야 한다.

취미를 살린 자산형성

부동산과 그림을 자산으로 비교해 본다면…

나는 그림을 좋아한다. 나에게 있어서 그림을 구입하는 것은 자산 운용수단 중의 하나라고 할 수 있다. 솔직히 그림을 자산으로 소유하는 사람은 그다지 많지 않을지도 모른다. 그러나 1000만 엔으로 산 그림이 5년 후에 2000만 엔으로 올랐다면 고소득이라고 아니할 수 없다.

예를 들어 그림을 1000만 엔에 구입한다고 하자. 마음에 드는 그림이어서 이 그림을 볼 때마다 마음이 평온해진다고 하자. 매일 아침 커피숍에 가서 커피를 마시는 것이 습관인 사람도 있다. 커피를 마심으로써 여유를 찾고 기분 좋은 하루를 맞이하는 것이다. 내 경우에는 그림을 바라봄으로써 마음에 여유가 생긴다.

매일 커피를 마시는 사람처럼 그림으로 정신적 만족감을 얻는 것으로, 매일 커피값 300엔 만큼 이익을 본다고 생각할 수 있다 연간 365일, 매일 300엔의 효과라고 하면, 나는 1년에 약 11만 엔의 이득을 보는 것이다.

이를 20년 간 계속한다면 그것만으로도 충분히 그림 값은 한다는 느낌이다. 혹시라도 그림이 구입한 가격보다도 비싸게 팔린다면 더 많은 수익을 올릴 수도 있다. 그림의 경우 소유하고 있는 동안에는 고정자산세나 그 밖의 세금도 일절 부과되지 않는다.

도쿄 치요다 구에 있는 야마타네 미술관이라는, 야마자키 타네지 씨(야마타네 증권 및 야마타네 머니의 창업자)가 설립한 일본화 전문 미술관이 있다. 야마자키 타네지 씨는 미술관을 만들 정도의 수집가이지만, 그림을 모으기 시작한 초기에는 사기꾼들에게 여러 번 속은 적이 있다고 한다.

나도 가짜를 구입한 적이 있지만, 사기꾼들은 진품이라는 증거를 교묘히 늘어놓으며 가짜를 판다. 그러나 실제로 세간에 나도는 유명한 화가들의 작품 중에도 가짜가 많다. 진품은 좀처럼 시장에 나오지 않는다고 한다. 예를 들면 일본화 화가 도미오카 데츠사이(1836~1924)의 작품은 가짜가 2만 점이나 된다는 말도 있다.

야마타네 미술관의 야마자키 씨는 계속 속아서 가짜를 사는 바람에 문화훈장을 받은 일본화 화가인 요코야마 다이칸(1868~1958)을 찾아가서 의논한 적도 있었다고 한다.

다이칸은 야마자키 씨에게 "고인이 된 화가가 아니라 현존하는 화가의 그림을 직접 찾아가서 산다면 가짜를 살 일이 없다"고 조언했다고 한다. 즉 당시의 유망한 젊은 화가의 그림을 구입해 두었다가 가치가 오르기를 기다리면 되는 것이다. 그렇게 저렴하지는 않았지만 그래도 희소가치가 높은 오래된 미술품에 비하면 저렴한 편이다.

야마자키 씨는 다이칸의 의견을 받아들여 그 후로는 동시대의 화가의 그림을 수집함으로써 나중에는 미술관을 열 만큼 많은 그림들을 소장하게 된다. 당시에 그가 구입한 그림들은 지금은 매우 비싸다.

나도 아직은 유명하지 않은 어느 대만 화가의 그림을 구입해서 의원 회관에 걸어 두고 있다. 그리고 앞으로 가격이 오를 것으로 기대하고 있다. 그 밖에도 파리 유학시절에 알게 된 화가의 그림을 많이 구입하고 있다. 또 그림은 아니더라도 자료로 구입한 고서도 꽤 소장하고 있다. 희소가치가 있는 문헌은 헌책방에서 1권에 3만 엔 이상 하더라도 구입한다. 이런 책들은 그 수가 몇 권 안 되기 때문에 몇 년 후에는 가격이 오를 수 있다.

한편, 프랑스에서는 그림을 사는 것을 '투자'라는 의미의 '프라스만(두다, 置)'이라고 표현한다. 즉 그들은 그림을 구입하는 행위를 투자라고 생각하며 투자는 '두는 것'이라고 여기는 것이다.

일본에서는 투자라고 하면 '던지는 것(投)'이다. 더 노골적으로 말하면 '던져서 버린다'는 이미지가 있다. 그러나 프랑스에서는 돈을 미술품으로 '바꿔 두는 일'이라고 생각한다. 투자를 도박처럼 생각하는 일본과, 생활에 밀착된 프랑스의 차이는 단어에서도 알 수가 있다.

나에게 있어서 그림이나 책은 취미임과 동시에 투자를 겸한 대상이다.

물론 묵혀 두고 있어서는 동전 한 닢도 안 들어오는 그림이나 책과는 달리, 매달 임대료가 들어오는 부동산 투자도 매력적이라고 할 수 있다.

1000만 엔을 들여서 그림이 아닌 원룸 맨션을 구입하여 세입자에게 임대했다고 가정하자. 매달 8만 엔의 월세가 들어와서 연간 100만 엔이라는 현금 수입이 생긴다.

하지만 구입한 원룸 맨션에 세입자가 들어오지 않을 경우 등의 문제를 생각하지 않을 수 없다. 세입자가 없으면 수입도 당연히 없다. 그림의 가치는 방치해 두어도 화가의 평판이 높아지면 함께 오르지만, 맨션의 가격은 요즘과 같은 시기에는 웬만해서는 오르지 않는다.

또 부동산을 구입할 때는 소비세 외에 부동산 취득세도 내야 하며, 구입 후에는 매년 고정 자산세도 내야 한다.

이 뿐만이 아니라 방에 파손이 생겼을 때의 수리나 입주자가 바뀔 때의 수리에도 비용이 든다. 부동산업자는 "매월 8만 엔을 벌 수 있다"는 말밖에 하지 않는다. 그러나 고정 자산세를 지불하면서 방을 유지하고 관리해야 한다.

입주자와 마찰도 발생할 것이다. 밤에 큰 소리로 소란을 피우거나 볼륨을 높여서 음악을 듣는 대학생이 입주했을 경우는 이웃으로부터 불평이 따른다. 그러면 입주자 대신에 주인이 사과하는 일이 생길 수도 있다. 월세를 체납하거나 방을 불결하게 사용하는 사람도 있다.

이렇게 생각해 보면 부동산 투자에는 상당한 고민이 따른다. 그림이나 책은 그런 고민과는 관계가 없다.

자, 그래도 부동산이 득이라고 생각하는가? 나라면 부동산보다는 그림을 선택할 것이다. 만약 그래도 부동산에 투자를 하겠다면 내 나름대로 생각해 둔 이익창출 방법이 있기는 하다. 그 점에 대해서는 나중에 다시 설명하기로 하겠다.

또 부연 설명을 하자면 가장 이상적인 돈 버는 방법은 그림을 투자 목적으로 구입하기보다, 스스로 그림을 그려서 파는 것이다. 유명 화가가 되면 속된 표현이지만 캔버스에 지폐를 인쇄하는 것이 될 수도 있다. 돈을 버는 이상적인 방법은 취미를 취미로 끝낼 게 아니라, 그것을 비즈니스로 만드는 것이다. 이렇게 생각하면 더욱 흥미로워진다.

예술이나 스포츠에서 프로와 아마추어의 차이는 취미로 돈을 버는 것은 프로, 반대로 돈을 쓰는 쪽을 아마추어라고 한다. 비단 잉어를 좋아해서 키우던 취미가 계기가 되어 통신 판매로 비단 잉어를 판매하여 돈을 버는 사람도 있다.

이런 경우는 취미를 비즈니스로 만든 전형적인 경우라고 할 수 있다.

뜨거운 맛을 본 부동산 투기

내가 부동산보다는 그림이 투자에 더 적합하다고 말하는 이유는 나 스스로도 부동산에 투자하여 큰 손해를 본 것에서 기인하고 있다. 나의 부동산 투자는 거품경제가 붕괴되면서 막대한 손해를 본 경우이다.

최초로 부동산을 구입한 때는 프랑스에서 귀국하여 막 동경대 조교수로 일하던 무렵이었다. 프랑스에서는 교외에 별장을 갖는 것이 일반적이었기 때문에, 귀국하니 별장이 갖고 싶어서 후지산 기슭에 작은 집을 구입하게 되었다.

당시는 조교수가 된 지 얼마 되지 않은 터라 금전적으로도 여유가 없었다. 하지만 후지산 기슭의 작은 집은 땅값이나 건물이 싸서 대출을 받지 않고도 구입할 수가 있었다. 집 자체는 조잡했지만 주변에 방해될 게 아무 것도 없어 여름에는 피서지로도 쾌적하게 이용할 수 있었다(대신 겨울에는 손을 쓸 수가 없을 정도로 추웠다).

하지만 그렇게 지내는 동안 동경에서 바쁘게 생활하다 보니 후지산 기슭까지 갈 시간이 좀처럼 나지 않았다. 결국은 수지가 제로인 상태에서 2~3년 만에 매각을 했다.

그런데 산장을 구입하여 매각하는 동안에 1000만 엔에 구입했던 맨션이 5000만 엔에 팔리는 일이 있었다. 이렇게 맛을 들인 나는 몇 군데의 부동산에 손을 대기 시작했다.

지금부터 16년 전, 내가 마흔이었을 때 동경대 조교수를 그만 두고 독립하던 무렵이었다. 그때 부동산을 구입하지 말고 그냥 임차했으면 좋았을 것이라는 후회를 한다. 그런데 당시는 거품경제의 절정기일 때라 지가가 하늘 높은 줄 모르고 치솟기만 하던 시절이었다. 그 누구도 대폭락에 따른 불황에 대해 상상조차 하지 않았다. 은행들도 몇 억이라도 대출해 주겠다고 나서던 시절이라 나 역시 잘못된 흐름을 따르게 되었다.

현재 세타가야에 있는 마스조에 정치경제연구소 건물도 당시에 구입한 것인데, 가격은 30평에 3억 엔이었다. 토지가 평당 800만 엔으로 2억 4000만 엔이었다. 거기에 건물 가격이 6000만 엔이었다. 3억 엔은 대출로 충당했다. 그리고 나서 곧바로 거품경제가 붕괴되었다. 현재는 평당 가격이 200만 엔으로 총 6000만 엔, 당시의 4분의 1로 폭락했다.

이밖에도 거품경제 시에 코지마치의 니혼방송국 근처에 있는 맨션을 구입했다. 이 무렵 텔레비전에 출연하는 일이 많아서 호텔 대신에 이용하려고 구입한 것이다. 그 후 이 맨션도 거의 반값에 팔아야 했다. 부동산 가격이 대폭락하여 결국은 엄청난 적자만 본 것이다.

이미 공직자 재산공개가 되어 있는 상태이지만, 현재 거주지는 마스조에 정치경제연구소가 소유한 건물의 상층부를 월세를 지불하면서 임대하여 사용하고 있다. 그러므로 개인적으로 부동산은 소유하지 않고 있다.

사실 마스조에 정치경제연구소의 건물도 처음에는 내 명의로 되어 있었다. 애초부터 회사명의로 소유하고 싶었지만 그렇게 하면 은행 융자를 받을 수가 없었다. 하지만 개인명의로 하면 금세 대출을 받을 수가 있었다. 그래서 어쩔 수 없이 내 명의로 융자를 받은 것이다. 거품이 빠진 후 서둘러서 연구소에 부동산을 팔고, 나는 다시 세입자로 들어가게 된 것이다.

이렇게 부동산 가격이 폭락하면 일반적으로는 큰 빚을 떠 안게 되지만, 주식회사가 소유한 건물은 흑자가 나면 이익으로 상쇄하는 형태로 처리해 나간다. 결과적으로 개인 소유의 경우에 비하면 반 정도의 손실로 처리할 수 있다. 부동산이 회사의 소유로 되어 있었기 때문에 큰 위험을 피할 수가 있었다.

적지 않은 중소기업의 경영자들도 이렇게 어려운 상황에서 10년 동안의 장기불황에 버티고 있다.

제1차 베이비 붐 세대가 정년 퇴직 후에 다세대 주택을 운용할 것이라면, 지금부터라도 개인의 자산으로 하지 말고 회사를 설립하는 편이 좋다. 국가 공무원은 어려울 수 있지만 민간인은 근무하는 회사의 규정에 위배되지 않는다면 재직 중에도 회사를 설립할 수 있다.

정년 퇴직 때 부금을 지불한 횟수가 부족하여 연금을 수급할 자격이 없는 사람은 정년 퇴직한 다음 날부터 자신의 회사를 설립하면 부금을 계속 부어나갈 수 있다. 연금을 생각하더라도 주식회사를 설립하는 편이 장점이 많다.

수익을 많이 내고 있다면 말할 필요도 없지만 수익이 소액이라 하더라도 마이너스만 아니라면, 후생연금을 계속

적립할 수 있는 것만으로도 주식회사를 설립하는 편이 유리하다.

요즘에는 자본금 1엔으로도 주식회사를 설립할 수 있다. 그러므로 다세대 주택 임대사업을 할 생각이 있는 사람이라면 회사를 설립하라고 권유하고 싶다. 세금 또한 개인 단위로 처리하는 것보다 회사 단위로 처리하는 것이 훨씬 더 유리하다.

굳이 부동산 투자를 하겠다면…

다세대 임대주택 사업에 대해 잠시 언급했지만, 부동산 투자는 그다지 권하고 싶지 않다. 전국적으로 부동산 가격이 하락하고 있지만 동경과 같은 대도시는 하락 폭이 둔해진 것으로 보아 거의 막바지에 와 있다고 여겨진다. 그러나 급격히 상승할 일도 없기 때문에 토지를 자산으로 구입하는 것은 좋은 판단이라고 할 수 없다.

도쿄 시내에 국한해서 이야기하자면 주택과 맨션은 공급과잉으로 집이 팔리지 않는 상태다. 신문 등의 광고에는 수익이 예금보다도 좋으니 꼭 구입해야 될 것처럼 선전한다. 그러나 거꾸로 생각해 보면 그만큼 안 팔리기 때문에 광고를 하는 것이다.

2000만 엔에 원룸 맨션을 구입하여 입주자가 빨리 들어오면 문제가 없지만, 방이 비어 있을 수도 있다는 위험성이 있다. 방이 비어 있고 월세도 안 들어오는데 고정 자산세만 지출해야 하는 것이다. 차라리 보유만 하고 있을 것이라면 세금이 부과되지 않는 주식이 더 나을지도 모른다.

일본의 부동산 투자는 앞으로도 거품경제 때처럼 모두가 수익을 얻을 수 있는 상황으로 돌아가지는 않을 것이다. 현재 중국에 일본의 1980년대의 거품경제와 유사한 자산 인플레이션이 일어나고 있다고 한다. 이 거품은 부동산 투자에서 기인한 것이라고 한다. 따라서 일본처럼 거품이 빠질 가능성이 높고, 전문가들도 앞으로 1~2년 안에 거품이 붕괴될 위험이 있다고 전망한다. 경제가 매우 호조를 보이고 있는 중국도 위험한 상황인 것이다.

이런 상황에서도 부동산에 투자하고 싶다면 대학교 근처의 부동산을 구입하라고 조언하고 싶다. 대학가의 맨션이나 아파트라면 매년 학생들이 입학하고 졸업하므로 회전율이 좋고 수요도 있기 때문이다.

단, 자신이 살고 있는 지역에 대학가가 있어야 한다는 전제가 필요하다. 왜냐하면 만약 건물에 문제가 생겨서 가 봐야 할 경우, 거리가 멀면 그것도 어려운 일이기 때문이다. 관리까지 맡아서 해 주는 부동산 업자들도 있기는 하지만, 그만큼 관리비를 더 지불해야 한다. 이렇게 되면 당연히 수익은 줄어들게 된다. 따라서 걸어서 갈 수 있는 범위 안에 대학가가 있고, 여유 자금이 있다면 부동산에 투자해도 좋을 것이다.

1억 엔의 자금으로 원룸 맨션 5채를 구입하여, 항상 입주자가 들어와서 산다면, 방 하나에 월세가 7만 엔이고, 다섯 채이니 1개월이면 35만 엔이 된다. 관리비를 빼고 나면 30만 엔 정도가 남고, 연간 이익은 360만 엔이 된다. 투자액 1억 엔에 대한 수익률은 연리 3.6%가 된다.

나는 '말(馬)'로도 돈을 벌었다!

참고로 나의 좀 특이한 투자 경험을 이야기해 보려 한

다. 현재의 나는 시간도 없고 자금도 없다. 이 때문에 주식 투자 등 자산운용과는 인연이 멀어졌지만, 정치가가 되기 전의 거품경제 시에는 회사의 경영도 순조로웠고 약간의 자산도 있었다.

당시에 나는 경주마를 몇 마리 보유하고 있었다. 정치가가 될 때까지는 계속했지만 사실 경주마 보유는 취미이자 자산이기도 했다. 착실한 노력과 연구의 결과로 7년 동안 소유하면서, 마지막 해에는 사업적으로 흑자를 냈다.

초기에 나는 1년에 말을 한 마리씩 구입했다. 구입한 말이 잘 달리지 못하면(경주에서 상금을 못 타내면) 새로운 말을 구입하고, 또 못 달리면 다음 해에 다시 새로운 말을 구입하는 식으로 실패를 되풀이했다.

그러다 어느 시점에서 1년마다 말을 한 마리씩 구입하여 10년에 열 마리가 되는 것보다, 첫 해에 한꺼번에 열 마리를 사는 게 좋다는 사실을 깨달았다. 열 마리 중에서 한 마리라도 경마 대회에서 우승하면 큰 돈을 벌 수 있기 때문이다. 예를 들어 백 마리 중에서 한 마리를 선택하는 것과 열 마리를 선택할 경우, 열 마리를 선택했을 때가 우수한 말을 뽑을 확률이 더 높다는 것은 초등학생도 알 수 있다. 문제는 열 마리를 살 돈이었다.

한 마리분의 자금밖에 없다면 열 명이 모여 열 마리를 산다. 그리고 경마에 출전시켜 혹시 1등이라도 되면 상금을 열 명이 나눠 가져도 흑자가 된다.

어느 해의 일이었다. 꼭 갖고 싶은 말을 발견하고 7000만 엔짜리 말을 수차례의 교섭 끝에 5000만 엔으로 깎았다. 그러나 내 수중에는 1500만 엔의 자금밖에 없었다. 그래서 다른 자산가와 동업으로 나머지 3500만 엔의 출자를 받았다. 그래서 경마업계의 최고 대상경주인 도쿄 다비에서 우승을 하게 되었다. 국회의원이 되었을 때 공동 소유자에게 내 지분을 모두 팔았지만 이익이 상당했다.

혼자서 살 수 없을 때에는 우선 20%나 30%의 돈을 냈다. 말 한 마리의 완전한 소유주는 못 됐지만, 그래도 내가 관여한 말이 70두나 됐었다.

70마리나 되면 전국 어딘가에서 매일 한 마리 정도가 경주에 출전하여 달리게 된다. 그 중에서 5등 안에만 들면 상금을 탈 수 있다. 그래서 흑자 전환이 가능했던 것이다.

내가 알고 있는 범위에서 개인 마주가 흑자를 본 것은 단 한 사람뿐이다. 그런 가운데 나도 흑자를 내게 되었다.

국회의원이 되면서 경주마에서 손을 완전히 뗐지만 계속했더라도 흑자를 냈을 것이다.

자산 운용 면에서 따지자면 마주가 된다는 것은 고위험 · 고소득이 따른다. 투자라기보다는 투기에 가까울 수도 있다. 그런 곳에서 흑자를 냈으니 자랑해도 이해해 주리라고 생각한다.

하지만 사실은 없는 시간을 내서 미국과 두바이까지 가서 연구를 한 결과였다. 나는 경마와는 별개로 승마를 즐긴다. 실제로 말을 타 보면 어떤 말이 잘 달릴 것인지를 알 수 있다. 자신이 직접 타 보아야만 말에 대한 감을 잡을 수 있는 것이다.

서러브레드 종과 같은 우수한 혈통을 고집하는 사람들도 많지만, 나는 말을 보면 첫눈에 어떤 말인지를 대략 알 수 있다. 돈과 정력을 쏟아서 상당 기간 동안 연구한 결과로 겨우 우위에 설 수 있는 세계인 것이다. 이는 주식이나 선물 시장도 마찬가지다. 하던 일도 그만두고 주식꾼이 되어 투자할 회사를 철저하게 연구한다면 성공할 수 있다.

어떤 일이든 연구를 해야 한다. 예를 들어 주식에 투자하려면 국제 정세를 알아야만 한다. 항상 배우는 자세로

임하지 않으면 주식투자로 쉽게 수익을 낼 수는 없다. 투자 전문가들은 신문을 읽을 때에도 폭넓은 지식과 정보 수집능력으로 기사의 이면에 깔린 진실까지도 읽어 낸다고 한다. 모두가 돈을 벌기 위해 주식에 투자하고 있으니, 다른 사람보다 한 발 멀리 내다보지 못하면 돈을 벌 수 없는 것이다.

그런 만큼 주식에 투자를 하면 머리를 쓸 수밖에 없다. 세계 정세에 대해 열심히 공부하고 숫자를 쫓아가면서 계산도 해야 한다. 그러므로 치매에 걸릴 확률이 줄어드는 덤도 따른다. 주식투자를 하는 덕분에 머리가 총명해지고 치매도 안 걸린다면 그것만으로도 큰 이익일 것이다.

두 번째 이야기

투자운용의 포인트

—시대의 흐름을 읽다—

자산관리의 배경

일본이 경험한 인플레이션 경제와 디플레이션 경제

'인구감소와 고령화', '국제화', 'IT화', 이 세 가지는 장래의 키워드가 될 것이다. 자신의 생활설계에 대한 파이낸셜 플랜(즉 자산운용 계획을 세우고 어떻게 재산을 효과적으로 활용할 것인가)을 수립할 경우, 구체적인 절약 방법이 필요할 것이다. 그와 동시에 시대의 흐름도 읽을 수 있어야 한다. 국제화와 IT화는 눈에 띄게 발전을 이루었으며 인구감소와 고령화도 뚜렷하게 진전되고 있다. 이런 것들은 개인의 장래를 고려할 때 큰 테마가 되고 있다.

이 같은 시대의 변화를 파악하는 것은 자산을 관리함에 있어서도 매우 중요하다. 올바르게 돈을 사용하는 방법은 시대에 따라 변하기 때문이다. 대표적인 예가 1980년대의 거품경제를 전후로 한 인플레이션 경제와 디플레이션 경제다. 인플레이션일 때와 디플레이션일 때의 자산운용 방법은 완전히 다르다.

디플레이션과 인플레이션에 대해서는 잘 알고 있을 것이라고 생각한다. 그러나 필자가 경험한 인플레이션과 디플레이션의 구체적인 사례를 통하여 다시 한 번 되돌아 보도록 하자.

인플레이션은 일반적으로 물가가 지속적으로 상승해 가는 현상이다. 이에 반해 디플레이션이란 물가가 지속적으로 하락하는 현상을 말한다.

50~60대가 살아온 전후의 일본 경제는 제2차 대전이 끝난 후부터 1980년대의 거품경제가 붕괴될 때까지 줄곧 성장해 왔다. 인플레이션이 계속됐으며 일반적으로 물건값이나 토지 가격도 계속 상승했다. 여기에 비례하여 임금도 상승했다.

그러나 1990년대 초에 거품이 빠지고 난 후 10년 이상 불황이 지속되고 있다. 근래 10년 동안은 물가나 급료가 상승한 것이 아니라 오히려 하락해 버렸다.

경기가 좋았을 때에는 좁은 국토 때문에 "지가는 상승하면 상승했지 하락하지는 않을 것이다"라는 부동산 신화가 존재했었다. 그러나 최근 10여 년 동안 지가는 오르기는커녕 대폭락해 버렸다.

개인의 급여에도 같은 현상이 일어나고 있다. 현재, 급여를 삭감하는 일이 당연시되며 보너스도 지급하지 않는 회사가 많아졌다.

1960년에 대졸 초임은 1만 엔 정도였다. 그 후 35년 동안에 무려 20배로 뛰었다. 이런 과정을 인플레이션 경제라고 할 수 있다.

급여뿐만 아니라 주택도 당시에는 300만 엔에 구입할 수 있던 것이 5000만 엔까지 상승하게 되었다. 이것이 인플레이션이다.

그러나 최근 10년 동안은 인플레이션이 아니라 디플레이션이 일어났다. 땅값이나 물건값이 상승하는 인플레이션과는 반대 현상이 일어났고, 지가는 계속 하락하고 있다.

2005년 현재의 일본은행이나 정부의 경제 정책을 자세히 들여다보면 디플레이션이 이어질 것이라는 전제하에 정책을 펴고 있음을 알 수 있다.

"디플레이션이라면서 휘발유 값은 오르고 있지 않은가!" 라며 반문하는 사람도 있다. 지적한 대로 휘발유 값은 최근 수년 동안 오르고 있다. 원유 가격은 국제 정세에 가장 민감하게 반응하며, 전 세계적으로 원유 가격이 상승함에 따라 석유 제품의 가격이 상승한 것이다.

또 2004년은 지진과 태풍이 맹위를 떨친 해이기도 하다. 그 결과 농업에 심각한 피해를 주어 야채가 시장에 충분하게 공급되지 않아 가격이 급상승한 것이다.

그러나 이와 같은 가격 상승은 돌발적인 외적 요인이나 천재지변에 따른 일시적인 현상으로, 현재까지 지속되고 있는 장기간의 디플레이션의 큰 흐름에는 변함이 없다.

최근에 지표상으로 다소간의 회복 조짐이 나타나고 있기는 하지만, 금방 인플레이션 경제로 전환될 것으로 보기는 어렵다. 나 역시도 정부나 일본은행처럼 기본적으로는 디플레이션 경제가 지속될 것으로 전망하고 있다.

디플레이션 시대의 생활설계—
사고방식을 근본적으로 바꾸자

파이낸셜 플랜을 세울 때 왜 디플레이션 시대임을 인식해야 하는가?

그것은 우리 중고년층은 시대에 부적합한 생활방식이 습관이 되어 있기 때문이다. 장래의 생활설계를 할 때 디플레이션 시대냐 인플레이션 시대냐에 따라 근본적으로 사고방식을 바꿀 필요가 있기 때문이다.

현재, 기업의 중심을 이루고 있는 40~50대는 인플레이션 사회에서 살아왔다. 이 때문에 1980년대의 거품경제가 붕괴되면서 일본 사회는 디플레이션 사회로 180도 전환되어 버렸다. 그럼에도 불구하고 인플레이션 시대에 몸에 밴 습관에서 벗어나지 못하고 있다.

제2차 세계대전 후 일본은 경제가 가파르게 상승하면서 급여와 물가도 상승하는 인플레이션 사회였다. 이로 인해 주택 융자금이나 연금, 생명보험 등을 포함한 사회의 모든 시스템은 인플레이션에 대응하기 위한 것이었다.

인플레이션 사회에 있어서 개인의 생활을 T씨를 일례로

들어 보자. T씨는 제1차 베이비 붐 세대보다 한 세대 위인 1943년 출생으로 62세이다. 대학교를 졸업한 후 동경에 있는 회사에 취업을 했다. 취직 후에는 회사에서 정년 퇴직할 작정으로 열심히 일하여 매년 급여도 올랐다.

20대 후반에 결혼하여 서른 살에는 30년 상환 대출로 1500만 엔짜리의 맨션을 구입했다. 단순계산을 하면 연간 원금 상환액은 50만 엔이지만 여기에 이자가 붙는다. 인플레이션이니 급여도 오를 것이고 구입한 주택의 자산 가치도 오를 것이다. 은행에 이자를 지불해도 그렇게 힘들지는 않았을 것이다. 매년 급여가 오를 것이기 때문에 대출 부담감은 해가 갈수록 줄어들기 때문이다.

그 사이에 아이가 태어났기 때문에 지금까지 살던 맨션이 좁게 느껴졌다. 그래서 대출을 500만 엔 정도 상환한 마흔 다섯 살 때 맨션을 팔고 염원하던 정원이 딸린 단독주택을 구입했다. 가격은 3000만 엔이었다. 지금까지 살던 15년 된 맨션이 구입 당시보다 300만 엔이나 올라서 1800만 엔에 팔렸다. 이로써 남은 상환액을 다 지불하고도 800만 엔의 돈을 만들 수 있었다. 그래서 15년 기한으로 2200만 엔의 대출을 받아 정원을 꾸밀 수 있는 새로운 주택에서 생활하게 되었다.

그 후에도 급여는 계속 오를 것이니 대출 상환의 비중도 점차 줄어들 것이다. 그리고 정년 퇴직 시에는 대출금을 완납하고, 4000만 엔이라는 퇴직금도 수중에 넣게 될 것이다. 그리고 부부 둘이서 생활하기에 충분한 연금도 지급될 것이다. 노후에는 연금을 받아서 취미 생활을 즐기면서 유유자적하게 보낼 수 있으며 재취업도 할 수 있다.

지금 다시 돌이켜봐도 참으로 불가사의한 시대였다. 제1차 베이비 붐 시대보다 조금 앞선 세대는 매우 행복했던 세대로 자산 인플레이션 시대를 만끽할 수 있었다.

토지나 건물의 가격이 계속해서 상승하는 자산 인플레이션 시대였기 때문에, 투자를 목적으로 구입했던 1000만 엔짜리 맨션을 목적대로 2000만 엔에 팔 수 있었던 것이다. 보유한 자산의 가치도 상승하면서 미래는 밝았고 마음 씀씀이도 커졌다. 따라서 소비에 돈을 쓸 수 있었고 경제는 원활하게 돌아갔다. 이는 인플레이션 사회가 경제에 미치는 좋은 영향이다. 그러나 이런 시대는 10여 년 전에 끝나 버렸다.

디플레이션 시대에는
구입하기보다 빌려야 한다!

현재, 자산의 디플레이션 현상은 전국에 걸쳐 일어나고 있다. 1500만 엔 하던 부동산이 500만 엔대로 폭락하는 경우도 당연한 일처럼 여겨지고 있다. 주택을 팔아도 비싼 가격에 팔 수도 없고 대출금만 남는다. 이 때문에 대출금을 갚을 전망이 보이지 않자 보험에 들어 놓고 자살하는 사람들까지 속출하게 되었다.

인플레이션 시절처럼 자산의 가치가 상승하기를 바라지는 않는다. 적어도 가격이 떨어지지만 않아도 좋을 텐데 계속 떨어지기만 하고 있으니 보통 심각한 일이 아닌 것이다. 토지나 건물의 자산 가치가 하락했다고 해서 결코 대출금 자체가 줄어드는 것은 아니다. 급여는 점차 줄어들고 있는데 대출금이 줄지 않는다는 것은 심각한 현실이다.

제1장에서는 거품경제 때 필자가 회사의 건물을 빌리지 않고 구입한 것이 실수였다고 했다. 그런데 임대한 건물이라면 언제라도 나올 수 있기 때문에 주택을 구입하는 것보다 여러 면에서 합리적이다.

내 집을 마련하고자 하는 기분을 모르는 바는 아니지만, 30세에 주택을 구입하여 정년 퇴직을 하는 60세까지 대출금을 갚아 나간다면 30년짜리 대출이 된다. 금리만 해도 어마어마한 금액이 된다. 디플레이션 시대에는 금액으로 계산한다면 임대주택을 이용하는 편이 합리적이다.

그러므로 이런 시대에는 내 집을 마련하기보다는 임대하는 편이 좋다. 자기 소유의 주택을 갖고 싶은 마음은 누구나 강렬하다. 그러나 요즘 같은 시대에 주택을 빌릴 것이냐 구입할 것이냐는, 재정계획을 선택함에 있어서 매우 중요한 문제다. 제1차 베이비 붐 세대는 많은 급여와 보너스를 받던 시절, 즉 연령대로는 30~40세 시절에 쉽게 주택을 구입할 수 있었다. 그러나 갑자기 경제의 거품이 빠지고 디플레이션 사회가 도래하였다. 이제는 대출금을 갚지도 못하고 빚만 남은 상황이 된 것이다. 결국 금융권에 막대한 불량채권을 안겨 주게 되었다.

이처럼 인플레이션 시대에서 디플레이션 시대로 넘어가는 큰 전환기에 걸려든 세대들은 분통이 터질 수밖에 없다. 노후를 준비하고 있는 제1차 베이비 붐 세대들에게는 고난의 시대인 것이다.

현재의 젊은이들은 애초부터 라이프 스타일을 디플레이션 시대에 맞춰서 시작할 수 있다. 또 이미 노후 생활이 시작된 사람들, 즉 70세 이상으로 예전에 급여를 받던 사람들은 가장 좋은 시절을 살아왔다. 이들은 앞으로도 인플레이션 시대에 저축한 돈으로 물가가 저렴해진 디플레이션 시대를 만끽할 수 있게 된 것이다.

그러나 현재의 일본을 지탱하고 있는 중견 샐러리맨들은 인플레이션 경제로 시작한 라이프 스타일을 디플레이션 경제로 수정해야 한다.

2004년부터 일본 경제는, 미미하지만 회사원들의 보너스도 오르고 지가도 상승 기미를 보이고 있다. 물론 그렇다고 해서 디플레이션이 반전되었느냐고 한다면 결코 그런 상황은 아니다.

제2차 대전 전후에 태어났던 제1차 베이비 붐 세대들이 경험했던 과거 50년 동안에 걸친 인플레이션 생활을 재빨리 디플레이션 시대의 생활로 바꿔야만 할 시점인 것이다.

뒤늦은 감이 있지만, 국가 차원에서 추진하고 있는 개혁도 인플레이션 사회에서 디플레이션 사회에 적응해 나갈 수 있도록 체계를 변경하기 위함이다.

국가뿐 아니라 개인의 생활도 개혁이 필요하다. 50~60대의 세대는 단순히 생각해 보아도 20~30년의 인생이 남아 있다. 그러므로 시대의 흐름을 파악하여 50년 동안 몸에 배어 있던 삶의 방식을 바꾸고, 새로운 사회에 적응을 할지 뻔히 바라보면서 몰락해 갈지를 선택해야 한다. 당연히 전자가 되도록 노력해야 한다.

쉽게 변할 수야 없겠지만 이는 엄연한 현실이다. 앞 세대나 다음 세대를 부러워해 봐야 아무런 소용이 없는 일이다.

'선택과 집중' 디플레이션 시대에 빛을 발하는 선택지

인플레이션 시대에 사람들을 보살펴 준 것은 국가가 아니라 회사였다. 큰 회사일수록 회사가 더 많은 보호를 해 주었다. 나는 어렸을 적에 기타규슈에서 살았는데, 근처에는 야와타 제철소가 있었다. 이 야와타 제철소는 야와타 병원도 소유하고 있었다. 또 구매회라는 슈퍼마켓도 보유하고 있었다.

기업이 생활에 필요한 시설의 대부분을 소유하고 있었던 것이다. 그 뿐만 아니라 겨울에 스키를 타고 싶으면 회사가 홋카이도나 나가노에 소유하고 있던 산장을 빌려 주기도 했다.

여름에는 여름대로 회사의 해변 숙소를 이용하게 해 주었다. 또 사원이 되면 사택에서 살고 회사를 퇴직한 후에는 퇴직금과 그때까지 저축한 돈으로 주택을 구입했다. 퇴직한 후에도 기업과의 관계는 지속되어 옛 사원으로서 여러 행사에도 초대를 받았다. 즉 기업이 사원의 생활을 안전하고 안정적으로 보장해 준 것이다.

또 건강보험의 가족요양 부가금과 복리후생 시설 등, 사원의 생활을 풍요롭게 해 주는 부가적인 급부도 제공했다. 그러나 1990년대의 어려운 시기를 거치면서 이런 부가적인 급부들은 더 이상 제공되지 않게 되었다.

본업인 사업 이외에는 돈을 사용할 여유가 사라져 버린 것이다. 온천 휴양지의 휴양소나 해변의 숙박 시설, 운동장 등의 부동산은 가격이라도 상승한다면 보유하고 있어도 될 것이다. 그러나 디플레이션 시대이기 때문에 이들 부동산 가격도 계속해서 하락한다. 보유하고 있으면 있을수록 비용만 더 들어간다.

그래서 자산은 손해를 보고라도 매각해야만 하는 시대가 된 것이다. 결국 너도 나도 급매물을 쏟아냄으로써 토지의 공급이 늘어 가격은 또 떨어졌다. 기업들은 부가급부를 없애고, 사택이나 병원도 매각하고, 본업인 사업만을 남겨두게 되었다.

수익성이 없고 채산성이 없는 자산을 매각하고 이익이 나는 본업에만 경영자원을 집중하는 것을 '선택과 집중'이라고 한다. 디플레이션 시대에 이 선택과 집중은 거의 모든 기업에서 행해지게 되었다. 자동차 제조업체는 자동차 판매에만 모든 역량을 집중하게 되었다. 사람이 몇 가지나 되는 일을 동시에 할 수 없는 것처럼, 기업도 잘하는 부문에 한정하여 비즈니스를 하는 것이 효율적이기 때문이다.

닛산의 곤 사장의 방법에서 배운다

카를로스 곤이 닛산 자동차 COO(최고 집행책임자)로 취임하여 제일 처음에 한 일이 무엇일까? 닛산 자동차라는 기업을 자동차 제조에만 집중할 수 있도록 환경을 정비하는 일이었다. 예를 들어 닛산은 록뽄기에 자사 빌딩을 소유하고 빌딩의 유지관리를 전문가가 아닌 사원들에게 맡기고 있었다.

이를 본 카를로스 곤은 빌딩을 '모리 빌딩' 사에 매각하고, 이 빌딩에 세입자로 들어가게 된다. 이때까지 닛산 자동차는 20명의 사원에게 빌딩 관리를 맡겼는데, 모리 빌딩 사는 빌딩 관리의 전문기업이어서 5명이면 충분했다.

이렇게 해서 닛산 자동차는 20명의 인건비를 절감할 수 있었다. 닛산 자동차는 자동차를 제조하는 일에만 전념하고, 모리 빌딩 사는 빌딩 관리에만 집중하게 된 것이다.

필자가 소장으로 있는 마스조에 정치경제연구소도 전성기에는 25명의 사원이 있었다. 당시에는 전문이 아닌 컴퓨터 부문이 있었지만 지금은 완전히 외부에 위탁하고 있다. 아무리 컴퓨터를 잘하는 사람을 데리고 있어도 항상 최신의 기술을 확보하는 전문가에게는 비할 바가 못되었다. 컴퓨터의 유지관리는 전문가에게 일임하는 것이 효율도 좋다. 아웃소싱을 한다면 외부 업자는 많기 때문에 비용을 비교해 보고, 저렴한 곳에 의뢰하면 그것으로 절약도 된다.

주가는 회사의 가치를 반영한다. 이전에는 복리후생 시설을 많이 보유한 기업들이 투자 대상이었다. 그러나 지금은 그 반대로 필요하지 않은 자산을 보유하지 않은 기업들이 투자 대상이 되고 있다. 지나치게 많은 부동산을 보유한 기업은 경영을 의심받기도 한다.

닛산 자동차도 카를로스 곤이 지휘하기 시작한 후로 필요하지 않은 자산을 단호하게 매각하고 아웃소싱을 함으로써 덩치를 줄이자, 주가가 상승했다.

디플레이션 시대에는 1억 엔짜리 부동산이 1000만 엔으로 하락하는 일도 흔하다. 돈이 필요해서 그런 부동산을 매각해야 한다면 결국 9000만 엔의 손실을 보는 것이다.

대출금으로 인해 자살한 사람들의 대부분은 토지나 건물을 많이 소유한 사람들이었다. 부동산 가치가 폭락하여 회사는 망하고 남은 것은 실업보험밖에 없다. 그래도 계속해서 빚을 갚으라는 독촉에 보험금을 타려고 자살한 것이다. 이제 와서 팔려고 해도 헐값에도 팔리지가 않으니 팔 수조차 없는 노릇이다. 부동산을 구입한 일이 후회가 되는 것이다.

임차한 주택이라면 내일부터 월급이 깎여 소득이 반으로 줄더라도 지금의 절반 크기의 주택으로 이사하면 그만이다. 그러나 내 집이라면 그렇게도 할 수 없는 것이다.

디플레이션일 때에는 기업처럼 개인도 덩치를 줄일 필요가 있는 것이다. 시대는 이렇게 변화하고 있다.

은행과 보험을 재검토한다

'예금보장을 전면 해제한' 은행에 대한 점검!

파이낸셜 플랜에서 쉽게 재검토할 수 있는 항목 가운데 하나가 은행이다. 우리가 은행을 정말 잘 생각해서 선택해야 하는 이유는 뭐니뭐니 해도 예금보장 문제 때문이다.

2002년 4월에 정기예금이 보호대상에서 전액 제외되었다. 이 뿐만이 아니라 2005년 4월에는 예금보장도 전면 해제되었다. 이번의 예금보장 해제로, 금융기관이 파산할 경우 보통예금일 경우 1000만 엔과 그에 따르는 이자를 초과하면 전액 보호를 받을 수 없다. 파산한 금융기관의 재

예금보장 해제의 구조

<table>
<tr><th colspan="2">기간
상품분류</th><th>2002년 4월~
2005년 3월말</th><th>2005년 4월~</th></tr>
<tr><td rowspan="2">예금보험의
대상상품</td><td>당좌예금
보통예금
별단예금</td><td>전액보장</td><td>이자가 붙지 않는 등의 조건을 갖춘 예금*은 전액 보호</td></tr>
<tr><td>정기예금
정기적금</td><td colspan="2">원금 1000만 엔과 이자 등은 보호(1000만 엔을 초과하는 부분은 파산한 금융기관의 재정 상태에 따라 지불. 일부는 전혀 지급되지 않는 경우도 있음)</td></tr>
<tr><td>예금보험의
대상외 상품</td><td>외화예금 등</td><td colspan="2">보호대상외(파산한 금융기관의 재정상태에 따라 지불. 일부는 전혀 지급되지 않는 경우도 있음)</td></tr>
</table>

*결제용 예금을 말한다. '무이자, 요구지불, 결제 서비스를 제공할 수 있는 것'이라는 세 가지 조건을 충족해야 한다.

정 상태에 따라서 지불된다.

따라서 금융기관에 돈을 맡길 때에는 꼼꼼하게 선별하고, 금액도 1000만 엔 이하로 나눠서 위험을 분산시켜야 한다.

최근에는 위조 현금카드 등에 따른 범죄에도 노출될 위험이 있으므로 자산은 나눠서 금융기관에 보관하는 것이 좋다. 은행을 선택하는 기준은, ① 은행의 등급, ② 자기자본비율, ③ 불량채권비율, ④ 주가, 이 네 가지의 포인트를 점검해야 한다. 만약 위험한 은행이나 금융기관으로 판단되면 절대로 돈을 맡겨서는 안 된다.

30년 뒤처진 일본의 은행

일본의 자동차나 가전제품은 세계 시장에서도 최고 수준의 경쟁력을 갖추고 있다. 그런 반면 주로 국내에서 사업을 하는 서비스 산업은 경쟁력이 떨어진다.

보험업계나 은행업계로 대표되는 서비스 산업은 경쟁력 면에서 국제적으로 크게 뒤떨어져 있다. 그래서 일본의 도요타 자동차 등을 모방한 해외의 제조업체들은 많지만 일본의 은행이나 생명보험회사를 모방하는 일은 거의 없다.

자동차나 가전제품처럼 세계 최고 수준의 경쟁력을 갖춘 산업과, 은행이나 보험업처럼 경쟁력이 없는 서비스업은 무엇이 다를까? 근본적인 차이는 소비자인 국민들의 상품에 관한 지식이 전자가 압도적으로 풍부하다는 것을 들 수 있다. 우리는 신차를 구입할 때 잡지나 인터넷을 통해 정보를 수집하거나, 자동차 회사의 영업사원에게 카탈로그를 받아 보고 잘 검토한다. 특히 매력적인 차는 성능이나 외장, 내장 등을 철저하게 조사한다. 또 구입하고 싶은 차종이 떠오르면 대리점에 찾아가서 시승해 볼 수도 있다.

그리고 마음에 드는 차종이 2~3대로 좁혀지면 가격 교섭을 한다. 예를 들어 200만 엔이라고 되어 있는 자동차는 보통 200만 엔에 구입하지는 않는다. 영업사원과 교섭하여 10만 엔이든 20만 엔이든 가격을 깎아서 구입한다. 또 비슷한 성능의 자동차를 판매하는 경쟁사의 자동차와 비교하여 조금이라도 더 싸게 구입할 수 있는 차를 선택한다.

정기검사 등 애프터 서비스를 고려하여 구입하는 소비자도 많다. 자동차 회사는 애프터 서비스라는 측면에서도 많은 노력을 하고 있다. 가전업계도 거의 비슷하다. 자동차나 가전제품이 세계 최고의 경쟁력을 갖고 있는 것은 이와 같이 냉엄한 소비자들의 눈 때문이었다.

한편, 일본의 소비자들은 가전제품은 1엔이라도 싼 가게를 찾는다. 그럼에도 1엔이라도 예금 금리가 높은 은행을 찾는 사람은 거의 없다. 단지 가깝다는 이유만으로 대부분이 집이나 회사에서 가까운 은행에 계좌를 개설한다. 물론 지금까지 은행 서비스의 내용이 어디나 같아서 굳이 은행을 선택해야 하는 의미도 없었다. 그러나 가장 중요한 것은 은행의 경쟁력이 없다는 사실을 말해 주는 것이다.

은행은 왜 이렇게까지 경쟁력이 약해진 것일까? 그 이유는 제2차 세계대전 후부터 오랫동안 사회주의적 금융 시스템을 유지해 왔고, 정부가 금융기관의 도산을 막기 위해 많은 규제를 만들어 보호해 왔기 때문이다.

예전의 재무성은 갖가지 규제를 동원하여 '선단식'으로 관리하면서 은행들을 경쟁시키지 않았다. 금융기관이 세계 경제라는 바다를 건널 때, 재무성이라는 든든한 군함이 보호를 해 준 것이다. 재무성은 능력이 없는 은행의 기준에 맞춰서 한 곳도 도산시키지 않는 방침을 관철해 온 것이다.

이런 상황에서 국제 경쟁력이 생길 수는 없다. 창의력이나 아이디어로 '해외의 은행과 경쟁해 보려는' 의욕이 있는 은행이 출현하지 않는 것도 당연한 일이다.

미국에서는 1970년대부터 금융 자유화가 시작되었지만 일본에서는 금융 자유화가 이루어지기까지 실질적인 자유화는 거의 진행되지 않았다. 이윽고 금융분야에서도 규제를 완화하는 금융 자유화가 시작되었다. 고액예금에 대한 금리가 자유화되는 등의 변화가 일어났지만, 아직 국제 경쟁력이 낮은 것이 현실이다. 금융 빅뱅에 따라 비효율적인 금융기관이 도태되고 망한 은행이 나온 것은 개혁의 큰 성과라고 할 수 있다.

은행의 선택으로 '차이'를 만들어 낸다!

아주 최근이 되고 난 후에야 다른 은행과 차별화된 서비스를 시행하는 금융 기관이 출현했다. 따라서 5~10군데의 은행을 후보로 정한 후 어느 은행이 가장 금리가 높은지를 살펴보자. 자동차를 구입할 때 카탈로그를 살펴보듯이 은행의 정보 공개 책자를 입수하여 어느 은행이 안전하고 서비스가 좋은지 살펴보는 것이다.

금리 외에도 고객에 대한 서비스가 좋은 은행과 구태의연한 은행이 있다. 신생 은행들은 창구 서비스를 오후 7시까지로 연장했다. 아오조라 은행은 오후 5시까지 영업한다. 리소나 은행은 지점에 따라 다르지만 오후 5시나 7시까지

업무를 한다. 종래의 은행들은 모두 오후 3시에는 폐점을 했는데, 이로 인해 직장생활을 하는 사람들은 몹시 불편했었다. 그러나 최근에는 서비스가 좋아진 은행을 볼 수 있게 된 것이다.

더 욕심을 내자면 창구에서 대기하는 시간의 단축에도 더 적극적으로 대처해 주었으면 한다. 도심의 은행은 월말 점심시간 무렵이면 30분에서 1시간 이상을 기다리게 하는 일이 허다하다. 기다리는 손님이 많은데도 창구를 전부 가동하지 않고 느긋하게 일하고 있는 모양을 보자면 은행이 고객을 어떻게 여기고 있는지를 여실히 알 수 있다. 그래도 최근에는 대기시간 제로를 목표로 하는 은행이나 예약제를 도입한 은행이 있는 것을 보면 조금은 개선되고 있는 듯하다.

은행 창구의 대기시간을 피하기 위해서는 인터넷 뱅킹을 이용하는 것이 좋다. 인터넷 뱅킹은 컴퓨터 단말기로 인터넷을 경유하여 거래하는 서비스다. 현재 거의 대부분의 은행의 경우 이체, 송금, 잔고조회, 거래명세조회 등 예전에는 창구에서 하던 업무를 은행 홈페이지에서 할 수 있게 되었다.

우편으로 서류를 접수해야 하는 등 시간은 조금 걸리지만 계좌 개설도 인터넷으로 할 수 있다(창구에서는 즉시 개설할 수 있다). 인터넷에서 신규계좌를 신청하면 장소와 이름이 기입된 신청용지를 답신용 봉투와 함께 보내오고, 거기에 도장을 찍어서 다시 보내면 된다.

필자도 시간이 걸리는 은행창구는 가능한 한 사용하지 않으려고 하며, 인터넷으로 처리할 수 있는 것은 인터넷으로 처리한다. 송금 수수료도 창구에 의뢰하는 것과 비교하면 저렴하다.

은행 서비스의 불만 중의 하나는 ATM 기의 영업시간외 수수료이다. 오후 6시가 지나면 ATM으로 하는 입금, 출금에도 대부분의 은행들이 수수료를 받는다. 영업 시간외의 수수료라고 하는데, 자신의 돈을 인출하는 데에도 돈을 내야 한다는 사실이 의아하지 않은가? 항상 의문을 가졌던 이 문제에 대해, 최근에는 시간외 수수료를 아예 받지 않거나, 금액에 따라서 수수료를 무료로 해 주는 신생 은행들도 있다.

최근에는 편의점 내에 설치된 ATM 기에서도 입출금을 할 수 있어서 편리해졌다. 그러나 이 역시 수수료가 드는 것이 문제다.

미츠이스미토모 은행처럼 편의점 등에서 예금을 입출금할 때, 평일 낮 시간에는 수수료를 받지 않는다. 은행에 돈을 빌려 주고 있는 우리들의 입장에서는 언제 어디서라도 수수료가 무료이길 원한다. 편의점은 은행과는 비교가 안 될 만큼 많으므로, 미츠이스미토모 은행처럼 편의점에서라도 무료로 돈을 찾을 수 있고, 금리와 재무상태가 양호한 은행을 선택하는 것이 좋다.

직장이나 집에서 가깝다는 이유만으로 은행을 선택하는 사람이 잘못됐다는 것은 아니다. 실제로 금리가 0.01% 높다는 이유로 멀리 있는 은행을 선택하여 전철을 타고 가야 한다면 오히려 마이너스가 될 수도 있고 시간도 많이 소요될 것이다. 그러므로 가까운 곳에 있는 은행을 이용하는 것이 합리적이다.

그러나 대형 은행도 망하는 요즘과 같은 때에는 아무리 가까이 있다 하더라도 경영상태가 나쁜 은행에 돈을 맡기는 일은 바람직하지 않다. 은행은 홈페이지에는 은행 정보 공개 책자를 게시함으로써 업무 및 자산 상황에 관한 정보를 공개하고 있다. 인터넷으로 보기가 어렵다면 창구에 가서 은행 정보공개 책자를 달라고 하면 받을 수 있다. 혹시라도 "우리 은행에는 그런 게 없다"고 말한다면 그런 불성실한 은행은 즉시 이용을 중단하는 것이 좋다.

도요타 자동차나 닛산 자동차 등, 자동차 영업소에 가서 카탈로그를 달라고 요청하면 어느 영업소라도 곧 건네줄 것이다. 소중한 돈을 맡기는 고객에게 은행에 관한 정보 책자 한 권조차 발행하지 않는 곳이라면 거래를 중단하는 것이 좋다.

요즘은 이처럼 이자율이나 서비스 내용이 은행에 따라 다르다. 보다 좋은 정보를 모을 수 있다면 같은 원금이라 해도 몇 년 후에는 운용에 따라 큰 차이가 있을 것이다. 정보력의 차이가 생활의 질의 차를 낳는 것이다.

그러나 정보는 그냥 얻기만 해서는 소용이 없다. 그 정보의 가치를 잘 판단하고 선별할 수 있어야 한다. 사실은 이것이 가장 어려운 작업이다. 왜냐하면 내외의 정세에 관한 깊은 지식과 통찰력이 필요하기 때문이다. 끈기 있게 정보를 모으는 노력을 계속한다면 반드시 다른 사람보다 한 발 앞설 것이라고 확신한다.

과다한 생명 보험료 지출을 주의하자

나는 개인의 파이낸셜 플랜에 있어 생명보험 선택이 가장 불필요한 부분을 줄일 수 있는 항목이 아닐까 하고 생각한다. 생명보험을 재검토하는 것만으로도 파이낸셜 플랜에 큰 효과를 기대할 수 있다.

생명보험회사 역시 국내 기업, 외국 회사를 포함하여 다수가 있지만 잘 비교 검토하여 선택하는 사람은 소수라고 본다.

거의 대부분의 사람들이 보험 영업사원이나 누군가의 권유로 아무런 의문도 갖지 않은 채 보험에 가입하고 있다. 그리고 한 번 가입하면 아무런 점검도 하지 않고 매월 보험료를 지불하고 있다.

본인 사망시의 보장(사망보장)에다 추가항목으로 "질병에 걸렸을 때 입원비가 나온다"는 말에 생각하지도 않고 비싼 보험에 가입한 사람들은 의외로 많다. 그러나 50~60대라면 모를까 30대 정도라면 그렇게 쉽게 질병에 걸리지 않는다.

또 다른 생명보험회사와 비교하기 이전에, 동일한 회사

의 생명보험에도 여러 가지가 있다는 사실을 모르는 사람들이 많다. 단순하게 생명보험이라고 하지만 가족 세 사람용도 있고 5명 이상의 가족에 적합한 보험도 있다.

이런 사실을 모른 채 자신에게 적합한 보험에 가입하지 않은 사람을 자동차에 비유하자면, 부부 2사람인데 8인승의 밴을 타고 다니는 것과 같은 불균형 상태라는 것이다. 멀리 외출할 일도 없는데 네비게이션을 달거나, 전혀 사용하지도 않는 옵션이 달린 자동차를 구입하는 것과 같은 일이 생명보험에서는 빈번하게 일어난다.

이런 이야기를 하는 필자 역시도 자신의 생명보험 일람표를 실제로 만들었더니, 가입한 보험이 '이것도 필요 이상, 저것도 필요 이상인' 즉 과잉 옵션이 너무 많다는 사실에 놀랐다. 그리고 이를 통폐합하여 정리한 것만으로도 금전적으로 상당한 여유가 생겼다.

따라서 생명보험에 대해서는 반드시 재검토를 해야 한다. 현재 가입된 보험이 어떤 보험인가를 파악하여 자신의 경우에 어떤 보험이 적절한지, 사망 시에 가족이 고생하지 않도록 가족 수와 연령을 고려한 보장금액이 적절할 수 있도록 계약해야 한다.

보험종류는 3가지 종류뿐이다

보험을 택한다고 하더라도 "생명보험은 종류가 너무 많아서 잘 모른다"는 사람이 많을 것이라고 생각한다. 그러나 생명보험은 실제로 그렇게 어려운 것이 아니다. 생명보험을 어렵게 느끼는 이유는 특약 등의 옵션 때문이다. 실제로 생명보험의 기본형은 이하 세 가지로 나눌 수 있다.

1. 정기보험(원금 무배당형)

정기보험은 '원금 무배당형' 이라고도 불리며 보험료가 싸고 보장이 넓은 형이다. 매월 자신이 지불하는 보험금은 돌아오지 않지만, 사망 시에 엄청난 금액의 보험금을 받을 수 있다. 보험료가 저렴하므로 누구나 쉽게 가입할 수 있는 점이 특징이다. 정기보험은 보험기간이 10년, 15년, 20년처럼 기간이 정해져 있다. 보험기간을 더 길게 설정할 수도 있다. 원금 무배당형 보험은 최근 생명보험의 주류를 이루고 있지만, 기간 중에 사고가 없으면 원금을 전혀 돌려받지 못하므로 손해라며 싫어하는 사람도 있다.

2. 양로보험(저축형)

오랫동안 생명보험의 주력 상품이던 것은 바로 이 양로보험이다. 보험료는 3종류 가운데 가장 비싸고 저축형의 보험이다. 이 보험은 만기에 달하는 시점까지 사망하지 않을 경우, 사망했을 때의 조건과 똑같은 금액을 받을 수 있다.

계약한 보험이 사망 시에 1000만 엔을 받을 수 있는 조건이라면 만기가 됐을 때 1000만 엔을 받을 수 있다는 것이다.

저축형은 고도 성장기처럼 예정 금리가 높았을 때에는 매우 매력적인 상품이었다. 예를 들어 지불총액이 700만 엔 정도이면, 만기에 1000만 엔을 수급할 수 있었다. 그러나 최근에는 그 정도의 이자를 기대할 수 없다. 예정 이자가 계속 낮아지는 상황이라서 1000만 엔의 만기금을 받으려면 950만 엔의 보험료를 내야 하는 것이 오늘날의 실정이다. 이렇게 저축 상품으로서의 매력이 현저하게 줄어든 것이다.

3. 종신보험(저축형)

종신보험은 일생을 보장하는 보험이다. 외국계 생명보험 회사들의 주력 상품이다. 인간은 반드시 죽음을 맞이하므로 종신보험은 보험금을 반드시 탈 수 있다는 특징이 있다.

종신보험은 양로보험처럼 저축형 보험이지만 만기가 없다는 점과, 양로보험보다 보험료가 싸다는 점이 장점이다. 지불만기는 자유롭게 설정할 수 있는데, 예를 들어 10년을 지불만기로 하더라도 보험기간은 평생 동안 유효하다.

또 지불기간이 종료된 후에도 이자에 따라 금액이 늘어날 수 있게 되어 있으므로, 돈을 모으고 싶은 사람은 종신보험을 선호하는 경향이 있다.

실제로 보험의 종류에는 상기의 세 가지 기본형밖에 없다. 원금 무배당형이나 저축형 가운데서 어느 쪽이 득인지에 대해서는 찬반양론이 있지만, 나는 원금 무배당형을 권장한다. 원금 무배당형은 저축 기능이 없으므로 원금은 돌려받지 못한다. 하지만 자신이 사망했을 때 저렴한 부금에 비해서는 고액의 보험료를 받을 수 있다.

보험 영업사원들은 가능하면 매달 지불액이 많은 보험에

가입하기를 원하기 때문에 많은 옵션을 권유한다. 하지만 예정 이자가 계속 낮아지는 상황을 고려한다면 질병이나 사고로 사망하더라도 1억 엔 정도를 받을 수 있도록 원금 무배당형으로 보험료를 지불하고, 노후의 저축은 은행예금으로 하는 것이 좋다.

좀더 설명하자면, 사망 시에 1억 엔의 보험금을 받는 저축형에 가입했다면 수급하는 보험금도 많지만 저축형이므로 보험료도 비싸진다. 10년이든 20년이든 살아서 만기를 맞이한다면 무사해약이 되고, 납입한 금액의 110% 정도가 돌아올 수도 있다.

만약 100%만 돌아올 경우는 이자가 전혀 붙지 않았다는 이야기가 된다. 그렇다면 납입 보험료가 적은 원금 무배당형으로 계획을 변경하여 남은 자금을 이자가 높은 은행에 맡기는 것도 좋은 방법이다. 원금 무배당형은 보장액이 크기 때문에 보험 자체의 내용도 저축형보다 매력적이다.

위험을 최소한으로 보장하고 불필요한 부분을 줄인다

"입원하면 보험금을 지불한다"는 것을 강조하는 상품도 있다. 하지만 입원한다 하더라도 1주일 이상이 아니면 보험금을 지급하지 않는 경우가 많다. 큰 부상을 입지 않는 한 1주일 이상을 입원하는 일은 거의 없다. 대부분의 사람들은 큰 부상을 당하는 경우가 평생에 한 번 있을까 말까 하는 정도다.

나도 이전에 입원한 적이 있다. 2001년 자민당 비례대표로 입후보했을 때 왼쪽 눈에 망막박리가 발병하여 병원에 갔더니 수술을 하자고 해서 급히 입원한 적이 있다.

입원은 이때가 처음으로 처음에는 왼쪽 눈이 따끔따끔한 정도여서 안대를 하고 선거운동을 계속했다. 그런데 2~3일 지나자 시력이 급격히 떨어져서 진찰을 받았다. 그랬더니 망막에 구멍이 나서 "방치해 두면 실명할 수 있다"는 것이다. 입원한 시기도 선거운동 중에서 가장 중요한 때였지만 할 수 없이 입원하게 되었다.

이때 나의 입원을 두고 매스컴에서는 1주일 이상을 입원했다고 보도했지만, 결과적으로는 1주일이 안 되었기 때문에 보험료도 받지 못했다.

자동차를 자주 타는 사람은 교통사고를 당할 가능성이 항상 있지만, 교통사고를 당하더라도 그때는 자동차 보험에서 보험금을 받을 수 있다. 보통 사람은 입원한 경험이 있어도 기껏해야 2~3일 정도에 불과하다. 이렇게 따져 보면 "불필요한 보험에는 가입하지 않았다"고 자신 있게 말할 수 있는 사람은 과연 몇이나 될까? 여러분이 가입한 생명보험은 현재 지불하는 보험료의 절반까지 줄일 수 있을 만큼 불필요한 부분이 많을지도 모른다.

보험회사가 공포 분위기를 조장하여 여러 가지 옵션이 딸린 상품에 가입하도록 함으로써 보험료로 연간 200만 엔이나 지불하는 경우도 있다. 이런 종류의 보험도 불필요한 부분을 제외하면 보험료를 50만 엔까지 줄일 수 있고, 필요한 보장도 확보할 수 있다.

보험을 재검토해 보자!

그러면 실제로 어떻게 재검토하는 것이 좋은지를 설명하겠다.

우선, 가족 형태에 맞춘 필요 보장액을 산출해 보자.

① 자신(과 동거하고 있는 가족)의 최근 1년간의 생활비 계산

예: 손에 쥐는 연수입 400만 엔에서 저축 50만 엔을 뺀 350만 엔

② 자신이 사망했을 경우 불필요해질 연간 지출을 계산

예: 자신의 용돈과 생활비, 보험료 등 합계 50만 엔

③ 자신이 사망한 후에 필요해질 연간 지출을 계산(부인의 보험료 등)

예: 부인의 사회보험료 외 기타 50만 엔

④ 유족연금

예: 연 100만 엔

⑤ 사망 시에 소요되는 비용, 자녀가 학생일 경우에 필요한 교육비

예: 장례비용과 묘지대금 500만 엔, 자녀 2명이 대학생일

경우의 학비 1000만 엔, 합계 1500만 엔

상기의 예를 보면 필요 보장금액은 다음과 같은 방법으로 계산할 수 있다. 필요한 연수는 아내를 55세로 상정하고, 아내가 만기가 되어 연금을 수령할 수 있는 65세까지의 10년간으로 설정한다.

보험의 필요 보장액(예)

① 최근 1년간의 생활비 350만 엔

−

② 자신이 사망할 경우 불필요해질 연간 지출 50만 엔

+

③ 자신이 사망한 후에 필요하게 될 연간 지출 50만 엔

−

④ 유족연금 100만 엔

×

필요한 연수 10년

+

⑤ 사망 시에 소요되는 비용, 자녀 2명의 교육비 합계 1500만 엔

−

사망 퇴직금 1000만 엔

↓

3000만 엔

이 경우 사망보장은 3000만 엔만 되면 충분하다. 3000만 엔의 사망보장을 수급하려면 매월 5천 엔 정도의 보험료를 내면 된다.

이렇게 정말로 필요한 금액을 계산한 후에 보험을 선택해야 한다.

외국계 회사들도 검토 범위에 포함하자

생명보험을 가입할 회사를 어느 회사로 할 것인지에 대한 후보로 외국계의 보험회사들도 있다는 사실을 상기하자. 아리코(Arico), 아플락(Aflac), 취리히(Zurich) 등 광고에서도 들어본 적이 있는 보험회사들이 있다. 외국계 보험회사들 중에는 국내의 보험회사들이 제공하지 않는 서비스를 제공하는 곳도 있다. 이런 점에 자극을 받아 최근에는 국내의 보험회사들도 좋은 상품을 연이어 개발하고 있다.

실제로 나 역시도 외국계 보험회사의 보험에 가입해 있다. 경쟁력이 있으며 보험료도 그렇게 비싸지 않기 때문이다. 우리 소비자는 자신에게 적합한 보험회사를 선택하면 되는 것이지 국내 회사이냐 외국계 회사이냐를 따질 필요는 없는 것이다.

단, 아무리 외국계 회사가 좋다고 하더라도 보험회사를 변경할 때는 주의가 필요하다. 지금까지 가입해 온 생명보험을 중도에 해약할 경우, 그 시점에서 보장이 끊겨 버린다. 따라서 새로운 보험으로 변경할 경우 전체적으로 보험료가 줄어드는지를 비교할 필요가 있다. 만기까지 현재의 보험을 이용할 경우와 중도에서 해약하고, 새로운 보험으로 변경할 경우의 보장액이나 만기일에 돌아올 금액(양로보험이나 종신보험의 경우)을 비교해 보아야 한다.

양로보험이나 종신보험처럼 저축형일 경우에는 중도 해약 시에 원금이 몇 퍼센트는 돌아온다. 이를 해약 반환금이라 한다. 사망 시에도 일정한 보장이 되고, 가입자가 70세가 되면 자녀 양육이 끝나므로, 보험을 해약하고 싶을 때에는 일시금을 받을 수 있다.

보험을 해약했을 때 원금이 돌아오는 것은 해약 반환금 제도 때문인데, 보험회사에 따라 비율은 다르다. 외국계 보험회사들은 반환율이 비교적 높아서 100% 이상 돌아오는 상품을 판매하는 곳도 있다.

이렇게 외국계 보험회사와 일본 보험회사들 사이에는 아직도 경쟁력의 차가 있는 것이다. 자동차로 말하면, 1960년대에는 도요타 자동차나 닛산 자동차가 벤츠나 포드에 비해 성능에서 떨어졌다. 그러나 지금은 외국 자동차 회사와 당당하게 경쟁하고 있다. 벤츠나 포드도 일본 자동차에 지지 않으려고 필사적으로 노력한다. 일본의 자동차가 그만큼 경쟁력을 갖게 된 것이다.

이에 비해 일본의 생명보험은 자동차 회사들처럼 다른 나라의 보험회사들과 대등하게 경쟁하지 못하고 있다. 가격 경쟁력을 포함하여 외국계 회사의 서비스의 질이 압도적으로 좋다.

왜 외국계 회사들의 보험 상품이 좋을까? 이는 일본의 보험회사처럼 많은 영업사원을 두지 않으므로 인건비가 적게 들고, 그래서 결국 보험료를 낮게 책정할 수 있기 때문이다. 일본의 보험회사들은 전국의 각 대리점에 상당한 수의 영업사원을 두고 있다. 부담이 커진 인건비는 우리 소비자에게 비싼 보험료가 되어 되돌아온다. 물론 보험료가 무조건 싼 회사가 좋으냐고 하면 꼭 그렇지는 않다. 계약한 보험회사가 파산이라도 한다면 큰일이기 때문이다.

생명보험회사를 선택할 때에는 다음 항목을 비교하여 안전한 경영을 하고 있는 생명보험회사를 선택하자. '신용평가사(R&I) http://www.r-i.co.jp' 나 '무디스 http://www.moodys.co.jp', '스탠다드 앤 푸어스 http://www.standardandpoors.co.jp' 등 등급정보회사의 사이트에서는 각 회사가 이 항목을 고려하여 생명보험회사에 대해 매겨 놓은 등급을 볼 수 있다.

생명보험회사를 비교할 때 필요한 항목에 관하여 간단히 설명하면 다음과 같다.

지불여력 비율 큰 재해처럼 통상적인 예측을 넘어선 위험에 대하여 보험회사가 어느 정도까지 대응할 수 있는지를 숫자로 표시한 것이다. 보험회사의 지불여력(solvency margin)을 위험의 합계액으로 나눈 수치이다.

실질 순자산 비율 실질 순자산을 일반 감정자산으로 나눈 수치이다. 보험회사판 자기 자본율이라고 할 수 있다.

유가증권 포함율 주식 등 유가증권을 포함한 손익을 유가증권의 장부가격으로 나눈 수치이다.

기초이익률 기초이익을 일반 감정자산으로 나눈 수치이다.

기초이익은 보험회사의 본업에 따른 수익력을 나타내는 지표의 하나로, 일반 기업의 영업이익이나 은행의 영업순익에 가깝다.

보유계약고 성장률 보유계약고는 보험회사가 계약자에게 지불을 약속한 사망 보험금의 총액을 말한다. 보장해야 할 보험금액을 얼마나 갖고 있느냐에 관한 규모는 결과적으로 이익에 반영되므로 보험회사의 사업 규모를 측정하는 중요한 지표이다.

연금문제

연금의 구조를 알자

노후를 안심으로 이어주는 밧줄이 되는 것은 연금이다. 연금에는 미납 문제나 연금관리공단의 문제, 또 납입하지 않는 젊은 사람들이 다수 존재하는 등의 여러 문제가 있다. 그러나 기본적으로 연금은 필요하다고 생각한다.

연금도 보험의 일종이라고 생각할 수 있다. 예를 들면 화재보험에 가입한 사람이라도 자신의 집이 화재로 전소될 것이라고 생각하지는 않는다. 그러나 만에 하나를 가정하여 가입하는 것이다. 실제로 화재가 발생했을 경우, 적은 보험료를 내지만, 가입해 둔 보험 덕분에 수천만 엔의 보험금을 보장받는다.

불과 얼마 안 되는 보험료로 어떻게 거액의 보험금을 받을 수 있는 것일까? 화재를 당하지 않은 많은 보험 가입자들이 보험료를 지불하고 있기 때문이다. 그리고 실제로 화재를 당한 사람에게 모인 돈의 일부를 지급하는 것이다.

연금도 보험과 같은 원리로 60세 이상이 되면 수령할 수 있게 된다. 연금에 가입한 사람들 가운데는 수급 연령인 60세 이전에 사망하는 사람도 있지만, 그렇다고 해서 손해 봤다고 생각하는 사람은 적다. 서로가 협력하여 불시의 사고가 발생했을 때, 보장을 받을 수 있는 것이 보험이고 연금이기 때문이다.

일본의 연금제도는 대략적으로 설명하면 기초연금과 후생연금의 2층으로 되어 있다(그림처럼 엄밀하게는 3층이라고 할 수 있다). 현재 65세의 부부는 기초연금으로 합계 13만 2000엔을 받을 수 있다. 또한 현역 시절의 급여에 비례한 후생연금으로 평균 약 10만 엔을 받을 수 있다. 두 개를 합산하면 약 23만 엔이 되는데, 이 금액으로 평균적으로 일본의 노부부가 생활한다.

연금의 구조

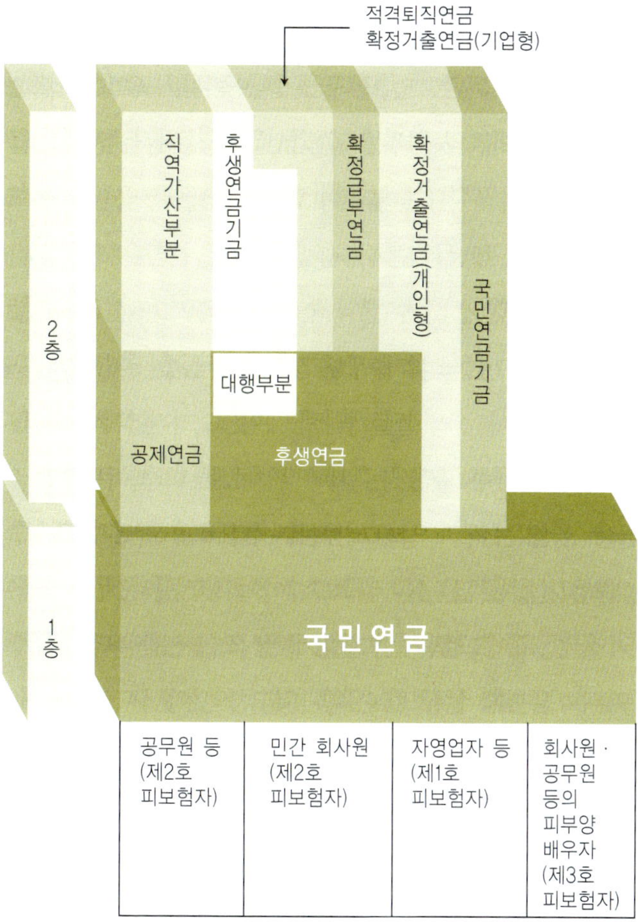

※대행부분: 후생연금기금이 국가 후생연금의 일부를 맡아서 운용하는 부분

23만 엔을 적다고 생각하는 사람도 있지만 이 금액은 세계에서 가장 높은 수준이다. '노후에 부부가 필요로 하는 생활비는 25만 엔 전후' 라는 조사결과가 있어서 거기에는 약간 미치지 못하지만, 기업연금이나 퇴직금이 있으므로 대부분의 생활에는 불편이 없다.

연금문제의 쟁점 — 세금이냐 보험이냐

단, 연금에는 출산율 저하에 따른 재원 확보의 불안 등 여러 가지 문제가 따르고 있다. 그러므로 차후에 어떻게 개혁해 나갈 것이냐를 놓고 현재 논의가 활발하다. 큰 쟁점은 연금을 보험료로 지불하게 할 것이냐, 아니면 세금으로서 부담하게 할 것이냐의 문제다.

현재 일본의 연금제도는 부과방식을 채택하고 있다. 즉 '세대 간의 상호부조' 라는 개념으로 현재 고령자에게 지급되고 있는 연금은 열심히 일하는 사람들이 낸 납입금으로 충당되고 있는 것이다.

'부과방식' 외에 '적립방식' 도 있는데, 적립방식은 각자가 보험료를 스스로 적립해 가는 방식이다.

향후 연금에 관한 쟁점은 보험료를 올려서라도 부과방식을 지속할 것인가, 아니면 납입금을 적립하는 적립방식으로 바꿀 것인가의 어느 한쪽을 선택하게 될 것이다.

왜 연금제도를 개혁해야 하는가? 그것은 출산율 감소가 급격하게 진행되고 있기 때문이다. 출산율 저하에 따라 보험료를 지불할 인구가 감소하고, 고령자의 인구가 늘어 젊은 사람이 져야 할 부담이 커졌기 때문이다. 그래서 적립방식이 더 필요해진 것이다.

연금은 종종 집으로 비유되기도 한다. 1층이 기초연금이고 2층이 후생연금이다. 일반적으로는 이 둘을 합해서 국민연금이라고 한다. 연금에 관한 필자의 의견은 1층 부분인 기초연금은 세금으로 충당하고, 2층 부분은 민간에 위탁하는 것이다.

기초연금 부분은 소비세(목적세로서)를 재원으로 하자는 아이디어도 있다. 이 경우 소비세를 인상해야 하지만 부부 두 사람의 매월 기초연금을 13만 엔에서 25만 엔으로 올리면, 기초연금만으로도 기본적인 생활은 가능해진다. 그런 다음 후생연금을 폐지하는 것이다. 그 나머지는 각자가 민간 보험회사에 자유롭게 계약하도록 하는 것이다.

즉 어떤 경우에 처하더라도 노부부가 생활하는 데 필요한 생활비 25만 엔은 세금으로 보장해 주어야 한다. 그리고 "나는 한 달에 50만 엔을 사용하며 여유로운 노후생활을 즐기고 싶다"는 사람들은 25만 엔을 더 확보하기 위해 생명보험회사 등과 계약을 하면 되는 것이다.

2층에 있는 후생연금을 대신할 개인연금은 자유이므로 "동일한 납입금으로도 가장 많은 연금을 받을 수 있는 보험회사" 등에 사람들의 눈이 쏠려, 결과적으로 보험회사들 간에 경쟁이 일어날 것이라고 생각한다.

공적 연금을 핀란드나 스웨덴 등의 북유럽 국가들처럼 세금으로 충당하는 방식도 있지만, 미국처럼 개인이 자유롭게 보험회사와 계약하는 방법도 있는 것이다. 양쪽의 장점을 잘 조합하는 것이 좋을 것이라고 생각한다.

타개책으로서의 인플레이션

2004년 말 연금의 재원을 확보하기 위해 2006년부터 정률감세(소득 25만 엔을 상한으로 하여 소득세액의 20%를 감액해 주는 감세제도)를 폐지하기로 결정했다. 이 세제 개혁을 통해 얻어진 세액은 연금 재원으로 충당하게 된다.

이는 고령화 사회에 대응하기 위한 고육지책이다. 이와 동시에 미납자를 줄이기 위한 노력도 병행해야 한다. 연금관리공단 등과 같은 관청이 정신을 바짝 차려야 하는 것이다.

"공적 연금을 없애자"는 견해도 있지만 기업이 후생복리를 제공할 수 있는 여력이 없기 때문에, 국가가 국민들이 안심할 수 있도록 해 주어야 한다. 물론 지급액의 변경 등을 검토할 필요는 있지만, 퇴직 후의 긴 노후를 생각하면 공적 연금은 반드시 필요하다.

원래 사회보장제도는 장래의 불안을 없애기 위한 안전망이다. 사회의 안전망이 구축되지 않은 나라는 풍요로운 나라라고 말할 수 없다.

일본 경제가 디플레이션에서 벗어나지 못하고 불경기가 계속되는 원인 중의 하나가 개인의 소비가 줄어든 탓이다.

경기가 회복될 조짐이 보인다고는 하지만 GDP(국내총생

산)의 60%에 해당되는 개인 소비가 늘지 않는 한, 기업이 아무리 설비에 투자하더라도 경기 회복은 미미한 수준에서 그칠 것이다. 사람들이 돈을 쓰지 않는다면 경기는 절대로 좋아지지 않는다.

누군가가 10만 엔짜리 쇼핑을 하면 그 10만 엔은 다른 사람의 수입이 된다. A씨의 지출은 B씨의 수입이 되는 것이다. 돈의 흐름이 원활해지면 경기가 좋아진다. 일본 경제는 GDP의 규모가 500조 엔이나 되지만, 그 60%인 300조 엔이 개인 소비이다. 즉 개인 소비가 늘지 않기 때문에 경기가 좋지 않은 것이다. 따라서 어떻게 하면 개인의 소비를 늘릴 것인지를 진지하게 검토해야 할 시점인 것이다.

소비를 늘리는 단순한 방법은 급여를 늘리는 것이다. 급여를 늘리려면 디플레이션과는 반대인 인플레이션 쪽으로 정책을 유도해야 한다. 사람들은 장래에 물가가 내려갈 것이라고 생각하면 주택이나 토지를 사려고 하지 않는다. 또 지가가 내려가면 기업은 보유한 토지를 담보로 하여 은행으로부터 융자를 받기도 힘들어진다.

사실 급여가 늘지는 않았지만 일본인은 막대한 자산을 보유하고 있다. 일본은행이 2004년 9월에 발표한 2004년

6월말 가계 금융자산 잔고는 1426조 엔이다. 이 금액에 부동산까지 합하면 그 몇 배나 되는 부를 소유하고 있는 셈이 된다. 그러나 일본인은 모아둔 부를 쓰려고 하지 않는다. '혹시 병에 걸리면…', '혹시 치매에 걸리면…', '혹시 실업자가 되면…' 등과 같이 장래가 불안하기 때문이다.

그러나 간병보험이 제대로 정비된다면 모두가 돈을 쓰게 되고 문제도 해결될 것이다. 예를 들어 사회복지가 충실한 북유럽 사람들은 노후를 위해서 돈을 모으지 않는다. 어떤 큰 병이나 장기 입원, 대수술도 의료비가 전액 무료이므로 노후를 위해 돈을 모을 필요가 없기 때문이다. 그 결과 국민들은 돈을 쓰게 되고 소비활동이 활발하다.

북유럽의 스웨덴이나 덴마크, 핀란드의 소비세는 25%나 된다. 소비세가 이렇게 높으면 큰 부담이 되므로 쉽게 저축을 하지도 못한다. 그러나 무엇보다도 잘 갖춰진 사회보장제도 때문에 '노후를 위한' 저축이 필요하지 않다.

필자도 부모님의 간병 때문에 고생한 경험이 있어서인지 스웨덴 방식이 매력적이라는 생각이 든다.

예를 들어 연봉 1000만 엔을 받는 샐러리맨에게 아내와 두 아이가 있다고 가정하자. 이 경우 수입의 80%, 즉 800

만 엔을 소비했다고 하자. 단순 계산으로도 소비세는 다음과 같아질 것이다.

800만 엔 × 5% = 40만 엔(수입의 잔고는 160만 엔)

이에 반해 동일한 수입을 올리는 스웨덴의 경우, 소비세가 25%이므로 다음과 같다.

800만 엔 × 25% = 200만 엔(수입의 잔고는 0엔)

스웨덴에서는 소비세를 200만 엔이나 내야 하기 때문에 물건을 사는 데 총 1000만 엔이 필요한 것이다. 그리고 1엔도 남지 않지만 일본의 경우는 소비세가 40만 엔이기 때문에 160만 엔을 저축할 수가 있다. 일본인은 이 160만 엔을 '비상시'에 쓰려고 모아둔다. 하지만 일반적으로 '비상시'라는 것은 잘 오지 않기 때문에, 결국은 사용하지도 못하고 유산상속에서 분쟁의 씨앗이 될 수 있는 돈을 남기고 죽는 것이다.

스웨덴의 경우 높은 세금을 부담하는 대신, 큰 병에 걸리면 국가가 모든 것을 책임져 준다는 안심감을 손에 넣을 수 있다.

일본의 경우는 지갑에 돈이 없이 노후를 맞이한다는 것은 상상하기 힘든 일이다. 그러나 간병보험이나 의료보험이 충실해지면, 적어도 필요 이상으로 돈을 모으지는 않을 것이며, 소비에 눈을 돌리게 될 것이다.

"100세까지 장수해도 나라가 돌보아 주기 때문에 생활에 걱정은 없다!"고 말할 수 있게 된다면 '저축하지 말고 돈을 쓰자!'는 생각을 할 것이다.

EU(유럽연합)는 소비세율이 15%가 안 되면 회원국이 될 수 없다. 이렇게 유럽의 여러 나라들은 한결같이 소비세가 높다. 일본 역시 소비세를 높여야 하지만, 그러려면 세금이 복지에 제대로 반영된다는 것을 국민에게 확신시켜 주어야 한다. 세금의 부담만 늘리고 거기에 부합되는 보상이 없다면 납득할 수 없을 것이기 때문이다. 어느 날 갑자기 북유럽 수준으로 소비세를 늘릴 수는 없지만, 5%와 25% 사이의 15% 수준이라도 좋다고 생각한다. 부담하지 않으면 현재 이상의 수급도 있을 수 없다. 이 시점에서 국민들과 대화를 통하여 동의를 얻어 내야만 할 것이다.

아무튼 제대로 된 복지정책을 전개하여 노후의 불안을 해소하고, 지갑을 열게 하는 것이 경기상승을 위해서는 반드시 필요하다.

재원이 한정되어 있는 상황에서는 국가 역시 공적 투자에 세금을 어떻게 분배할 것인가를 신중히 검토해야 한다. 예를 들어 왕래가 극히 드문 산 속에까지 고속도로를 낼 필요는 없는 것이다. 오히려 전국적으로 부족한 보육시설이나 노인시설을 정비하는 것이 더 중요하다. 육아나 노인의 간병 문제로 직장을 그만두어야 하는 여성들이 많다(그 중에는 남성도 있다). 일을 계속해서 할 수 있다면 GDP도 줄지 않을 것이다. 여(남)성이 일과 가사를 양립할 수 있도록 환경을 정비한다면, 경제 성장에 플러스가 될 뿐만 아니라 세상도 더욱 밝아질 것이다.

관점을 바꾸어서 보면, 일본은 세계 최고의 채권국임에도 불구하고 국가는 빚더미에 앉아 있다. 국민은 1400조 엔이나 금융자산을 보유하고 있다. 일본 정부의 누적적자는 500조 엔으로 실로 심각한 상황이다.

일본의 GDP는 500조 엔이다. 다시 한 번 단순화해서 말하자면, 1400만 엔의 금융자산을 보유하고 있으며 연봉이 500만 엔인 샐러리맨이 500만 엔의 주택대출을 안고 있는 셈이다. 물론 이런 상황이 그렇게 절망적이지만은 않다. 앞으로 지속적으로 수입을 늘려 나간다면 큰 걱정은 하지 않아도 된다.

1인당 500만 엔의 국가 부채로 의기소침해 할 필요는 없다. 정부는 국민을 신뢰하면서 경기회복을 위한 대책을 내 놓아야 한다. 그리하여 국민들의 수입도 늘리고 정부의 세수도 늘려야 한다.

또한 디플레이션만은 반드시 피해야 한다. 국민의 능력을 완전히 개화시키는 것은 밝은 21세기의 전망을 열어 가는 지름길이다. 정부는 국민들에게 활기를 되찾을 수 있도록 동기를 부여해 주어야 한다.

세 번째 이야기

인생의 밸런스시트

지금까지의 인생을 돌이켜 보라

우리는 혜택받은 사람들이다

'인생 50년'은 옛말이 되었고, 지금은 '인생 80년' 시대가 되었다. 그렇다면 60세가 되어 정년 퇴직을 하고 남은 20년 이상의 세월을 어떻게 보낼 것인가? 아무 일도 하지 않고 세월을 보낸다면 치매도 더욱 빨리 찾아올 것이다.

치매에 걸린 어머니를 7년 동안 간병해 본 경험을 돌이켜보면 본인은 물론 가족 모두가 비참할 정도로 힘이 들었다. 간병보험이 도입되더라도 그런 어려움이 크게 변하지는 않을 것이다. 간병을 하게 되면 육체적으로 정신적으로, 그리고 금전적으로 큰 부담이 되기 때문이다.

그렇다면 자신도 건강하고 가족을 간병 지옥이라는 비참한 지경으로 끌고 가지 않으려면 어떻게 해야 할까?

가장 좋은 방법은 항상 건강하고 활기차게 생활을 하는 것이다. 생각해 보면 정년 후에도 20여 년이라는 세월이 더 남아 있다는 것은 즐거운 일이다. 오로지 일과 자녀 양육에만 신경을 쓰며 바쁘게 살아왔던 제 1의 인생을 마감하고, 원하는 삶을 선택할 수 있는 제 2의 삶이 다가온 것이다.

제 2의 인생이 시작되면 자신이 하고자 했던 무언가를 시작할 수 있다. 정년이라고 해서 결코 늦지도 않았다. 자신의 인생을 만회할 수 있는 기회는 충분하기 때문이다.

제2차 대전 종전 직후에 태어난 사람들이 제1차 베이비붐 세대에 속한다. 따라서 제2차 대전 전후의 일본을 되돌아보는 것은 자신들의 인생을 평가하는 일이 될 것이다.

전쟁이 끝난 직후에는 흰 쌀밥을 먹는다는 것은 꿈 같은 일이었다. 오히려 지금은 시대가 바뀌어 너무 잘 먹어서 탈이다. TV나 신문 등은 무슨 일이 있을 때마다 "일본은 점점 망가져 가고 있다"고 비판을 한다. 하지만 일본의 역사와 외국의 역사를 비교해 볼 때 그렇게 비관적으로 볼 일만은 아닌 것 같다.

비록 1980년대에 거품경기가 붕괴되어 고통을 받고 있지만 종전 후부터 지금까지는 평가할 만하다고 생각한다.

개인의 인생을 살펴보면 사람 수만큼이나 다양한 인생이 있다. 개인적으로 즐거운 기억을 갖고 있거나 실패로 인해 고통을 경험한 사람도 있을 것이다. 당뇨병에 걸린 부랑자만 보아도 알 수 있듯이 대부분의 국민들은 굶주리지 않고 살고 있다. 그렇기 때문에 행복하다고 생각하지 않으면 벌을 받아도 마땅하다.

세계와 역사를 통하여 현재를 고찰한다

먼저 현재를 세계와의 관계에서 살펴보자. 지구상에는 약 200여 개의 나라가 존재하고 그 중에는 수많은 가난한 나라들이 존재한다. 아프리카처럼 기아에 허덕이는 나라도 있다. 한편, 일본처럼 비만을 비롯한 당뇨병과 같은 생활

습관병이 문제가 되는 나라들도 있다.

물론 개인 단위로 주변을 둘러보면 자신보다 더 좋은 환경에서 살아가는 사람도 많을 것이다. 그러나 이를 국가 차원에서 비교해 볼 때 일본의 경우는 긍정적으로 평가를 받을 수 있는 위치에 있다.

다음은 역사를 뒤돌아보자. 전후 50~60년을 되돌아볼 때, 만약 우리가 무로마치시대나 전국시대, 제1차와 제2차 대전 당시에 살고 있었다면, 징병되어 전쟁터에서 죽음을 맞이했을지도 모른다.

제2차 세계대전의 비참했던 경험 때문에, 다시는 전쟁을 하지 않겠다는 헌법 9조를 제정하기도 했다. 이에 따라 일본은 징병제가 없으며 더군다나 전쟁으로 죽을 일도 없어졌다. 이제 굶거나 전쟁으로 죽을 수 있다는 두 가지의 걱정은 하지 않아도 될 시대가 된 것이다.

전쟁 전인 1936년에는 육군을 중심으로 한 청년 장교들이 정부 고관을 습격하여 사살했던 2·26사건이 일어났다. 이 사건의 원인은 농촌이 피폐하여 딸들이 몸을 팔아야만 겨우 연명할 수 있을 정도로 가난했던 환경 때문이었다. 그래서 정치를 비판하다가 급기야는 청년 장교들이 궐기하여 쿠데타를 일으킨 것이다.

이에 반해 전후는 매우 풍족했으며 번영과 평화가 실현되었다. 에도시대 260년을 제외하면 이처럼 50~60년 동안 전쟁이 없었던 시대는 일본 역사에 없었다.

메이지유신 이후인 1894년에는 청일전쟁이 일어났다. 그리고 나서 1904년에 러일전쟁, 1914년에 제1차 세계대전 등, 근대에는 10년마다 한 번꼴로 전쟁이 일어났다. 그 후에도 20년 정도 흐른 1937년에 중일전쟁, 1941년에 제2차 세계대전이 일어났다. 짧은 시기에 여러 차례의 전쟁이 일어난 것이다.

이런 사실만 봐도 전후 60여 년 동안 전쟁이 없었다는 것은 참으로 대단한 일이다. 하지만 이런 사실들을 전혀 의식하지 않고 살기 때문에 현재의 상황이 불만스러운 것이다. 그러나 위에서 설명한 것처럼 지금은 분명 국가나 개인 모두에게 분명히 살기 좋은 시대이다.

완벽한 '인생의 밸런스시트'는 없다

이런 관점에서 이 시대를 살아가는 사람들 대부분은 행복하다고 할 수 있다. 그러나 한편으로 "어렸을 때의 꿈을 이루지 못했다. 내 인생은 예상 밖의 결과만 계속되었고 전혀 행복을 느끼지 못한다"고 말하는 사람도 있다.

당연히 세상은 자신이 원하는 대로 되어 주지는 않는 듯하다. 나는 작가가 되는 것이 꿈이었다. 현실적으로 다른 방향의 진로를 선택하게 되었지만 스스로가 결단한 일이어서 후회는 없다.

어머니가 치매에 걸린 일도 전혀 예상하지 못했던 사건이었다. 그러나 어머니를 간병하면서 간병제도나 복지, 의료에 모순이 있다는 사실을 알게 되었다. 그러면서 '실제 정치에 뛰어들어 정책을 제안하고 실현한다면 이보다 더 좋은 방법은 없을 것'이라고 생각했다. 그 당시 TV나 활자 매체에 평론기사 등을 써서 개혁의 방안을 제시해 보았지만, 정부는 귀를 기울여 주지 않았다. 그래서 나는 정치인이 되기로 마음을 먹었다.

처음부터 국회의원이 되려고 마음을 먹었던 것은 아니었

지만 결국은 국회의원이 되었다. 어떤 사람은 어렸을 때부터 국회의원이 되기로 마음을 먹고 준비를 해도 몇 번이나 선거에서 떨어지곤 한다. 우리는 인생에서 어떤 일이 일어날지를 알 수가 없다.

조종사를 꿈꾸었는데, 조종사가 되기 직전에 결정적으로 시력이 나빠서 꿈을 이루지 못한 사람도 있다. 그러나 좌절되었다고 해서 낙담할 필요는 없다.

사람들은 가끔 나에게 동경대학을 나왔으니 미래가 탄탄할 것이라는 말을 하곤 한다. 그러나 내가 하고 싶었던 대부분의 것은 이루지 못했다.

젊은 시절에 프랑스 유학을 갔다 왔지만 이것 역시 애타게 바라던 소원이 이루어진 것은 아니다. 사실 솔직한 심정은 일본을 떠나고 싶지 않았지만, 지금은 그때 유학을 한 것이 내 인생을 더 풍요롭게 해 주고 있다. 결과적으로 프랑스 유학은 성공한 것이다.

또한 인생의 밸런스시트는 어디까지나 개인적으로 판단하는 것이며, 인생이란 여러 가지 우연에 의해 좌우될 수 있다. 인생에서는 그런 우연을 살리는 것도 중요할 수 있다.

그러나 더욱 중요한 것은 좌절과 변화를 주저하지 않는 자세이다.

만약 다리를 건너려고 하는데 다리가 무너져 있다고 가정하자. 다른 길로 돌아가면 그만이기 때문에 무모하게 헤엄을 쳐서 강을 건너려고 할 필요는 없는 것이다. 때로는 멀리 돌아가도 상관없다. 좀더 시야를 넓혀서 여유를 갖는 것이 좋다.

그리고 시야를 넓히는 데 있어서 나이와 상관없이 가장 좋은 방법은 항상 독서를 하는 것이다. 동서고금을 막론하고 책을 많이 읽는다는 것은 그만큼 많은 선인들의 사고와 지혜를 습득할 수 있다는 것이다. 나 역시 많은 독서를 하고 있지만 책이 사람에게 미치는 영향은 말로 다 표현할 수 없을 정도다.

나는 부모의 간병에 관한 책을 몇 권 낸 적이 있다. 그 중에는 어머니의 간병이 발단이 되어 누나와 불화를 겪었던 이야기를 쓴 수기도 있다. 가족 내의 치부를 드러낸 것이어서 부끄럽기도 했지만 많은 분들이 읽어 주었다.

언젠가는 부모님의 간병으로 고통받는 독자에게서 다음과 같은 내용의 편지가 왔다.

"부모님을 간병하는 일이 너무 힘이 들어서 자살을 하려고 생각했을 때, 우연히 선생님의 책을 읽게 되었습니다. 그리고 나서 마음을 고쳐 먹을 수 있었습니다. 저와 비슷한 처지에 있는 사람이 있다는 점에서 정신적으로 격려를 받은 느낌입니다"

라는 내용의 편지였다.

나는 이 편지를 읽고 큰 감명을 받았다. 이 독자의 경우처럼 책을 읽게 되면 자신의 생각을 바꾸거나 넓힐 수 있다. 어떨 때는 사람의 인생에 절대적인 영향을 미칠 수도 있다. 조금이라도 시간을 낼 수 있다면 가능한 한 책을 읽도록 하자.

나의 인생관

인생관은 사람마다 다르기 때문에 내 개인적인 생각을 강요할 필요는 없다. 하지만 내 인생관에 비추어 보면, 인생이란 돈으로 좌우할 수 있는 것은 아니다. '마음의 평온'이야말로 모든 사람들이 바라는 가장 큰 소망인 것이다.

인생의 밸런스시트도 결국은 마음의 평안으로 연결되어야 한다.

이는 독재 국가와 자유 국가를 비교해 보아도 잘 알 수 있다. 독재 국가에서는 국민들이 마음의 평온을 유지하며 살아갈 수 없다. 마음이 편하지 않기 때문이다.

일본은 언론의 자유가 보장되어 있으므로 정부에 대해 어떤 비판을 해도 상관없다. 그런데 만약 북한이라면 김정일에 대한 비판을 했다는 사실만으로도 큰 봉변을 당할지 모른다. 또 많은 사람들이 극도의 가난에 허덕이며 심지어 굶어 죽기도 하는 실정이다. 살아남는 사람은 다른 사람을 밀치거나 배신을 해서라도 밥을 쟁취할 수 있는 사람뿐이다. 이런 나라에서 마음의 평온을 유지할 수 있을까?

독재자가 가장 두려워하는 것도 바로 자유로운 정보의 유통이다. 동서독이 통일할 수 있었던 이유는 서로가 상대의 실정을 잘 알고 있었기 때문이다. 바로 이 부분이 한반도의 실정과 다른 점이다. 북한의 국민들은 태어날 때부터 자기 나라가 '세계 최고의 나라', '지상 최고의 낙원'이라는 잘못된 정보로 세뇌를 받는다. 아마도 이런 세뇌에서 해방되지 않는 한 민주화가 되기는 힘들 것이다.

하지만 현실적으로 쌀이 부족한 북한이 '지상의 낙원'과는 동떨어져 있다는 사실은 북한 국민들도 잘 알고 있을 것이다.

개인숭배와 반대파에 대한 탄압 등, 스탈린식 전체주의 체제는 언젠가는 무너질 것이다. 김일성의 꿈은 '고깃국과 쌀밥과 기와 지붕의 집'을 국민들에게 공급하는 일이었다. 하지만 그 꿈은 아직도 실현되지 않고 있다. 아들인 김정일 또한 아버지의 빚을 그대로 짊어지고 있다.

제2차 세계대전 후 일본은 세 가지의 가치를 잃어 버렸다. 첫 번째로 역사 공부를 하지 않게 되었다는 점, 두 번째는 철학이 없어졌다는 점, 그리고 세 번째로는 종교에 대한 믿음이 없어져 버렸다. 일본인이 정서적으로 추락하고 있다는 말을 듣는 이유도 이 세 가지가 없기 때문이다.

종교는 불교만이 아니라 기독교나 이슬람교, 그 어느 종교라도 상관이 없다. 다만 종교를 믿지 않으면, 하늘과 신에게 나쁜 짓은 하지 않겠다는 생각 자체를 하지 않게 된다는 점이다. 그 결과 쉽게 사람을 해치는 일들이 일어나고 있다.

종교나 철학이 생겨난 이유 중의 하나는 '죽음'이라는

두려움을 극복하기 위함이다. 누구나 죽음을 두려워한다. 그런데 죽어서 극락정토에 갈 수 있다고 생각하면 죽음이 두렵지만은 않을 것이다. 종교에서는 죽음의 두려움을 뛰어넘으면 마음이 평온해진다고 한다. 인생은 돈이 있으면 된다는 생각도 나쁘다고 말할 수는 없을 것이다. 그러나 우리는 지금까지 너무도 돈만을 추구하며 살아왔다는 생각이 든다. 이제는 자기 자신을 되돌아봐야 할 시점이 되었다.

행복한 인생이란 무엇인가?

강조할 필요도 없이 행복의 기준 따위는 어디에도 없다. 그래도 굳이 기준을 말하자면, 자신에게 정직한 것이라고 생각한다. 자기 자신이 가장 하고 싶고 좋아하는 것을 할 수 있어야 한다.

프랑스 파리에는 길모퉁이에서 노래를 부르거나 바이올린을 연주하는 사람들을 흔히 볼 수 있다. 거리의 예술가들은 고정 팬까지 확보할 정도로 인기가 높다. 그러나 이들은 매우 가난한 삶을 살고 있다. 예술가의 세계도 철저한 경쟁 원리에 따라 돌아가고 시장주의의 세계이기 때문에 음악가 중에는 금전적으로 풍족한 사람도 있지만 대부분이 가난하게 살아간다. 하지만 이들은 부자가 아니라고 해서 자신이 불행하다고 생각하지는 않는다.

좋아하는 일을 할 수 있다는 것은 그것만으로도 행복의 조건이 된다.

인간은 몰입할 수 있는 일에 대해서는 피로를 느끼지 않는다.

하루 종일 게임을 하는 아이에게 "게임을 하는 시간의 반만큼이라도 공부를 하거라"라며 불평하는 부모들이 있지만 어쩔 수 없다. 아이들은 좋아하는 게임이라면 몇 시간씩도 할 수 있지만, 싫어하는 공부는 단 1시간도 버티기 힘들기 때문이다.

앞의 제1장에서 언급했듯이 나는 숫자 계산과 그림을 보는 것이 취미다. 숫자 계산은 옛날부터 좋아했고, 현재는 우정사업의 민영화를 검토하면서 수많은 자료를 계산하고 있다. 어떤 계산이든 숫자를 보고 있으면 사심을 떨쳐 버릴 수 있다.

이처럼 노래나 전통 시구, 컴퓨터 등 어떤 것이라도 좋으니 몰두할 수 있는 취미를 가져야 한다. 그리고 더 욕심을 내자면 취미가 수입으로 이어지면 금상첨화일 것이다. 만약 그림을 그리는 데 재능이 있다면 본격적으로 그림을 그려 보는 것도 좋을 것이다. 필자의 경우는 지금까지 관여해 온 사회학이나 정치학은 이론 모델을 만들어야 하기 때문에 너무 힘들 때가 있다. 그래서인지 미술사를 연구하는 학자들을 보면 부러울 때도 있다. 이 사람들은 좋아하는 그림을 보고 평가하는 것만으로도 비즈니스를 할 수 있기 때문이다.

또 어떤 학자는 하찮아 보이는 올챙이를 연구함으로써 수입을 올리기도 한다. 이렇듯 좋아하는 일을 하면서 그것이 돈으로 연결되는 일을 한다면 이상적인 직업이라는 생각이 든다.

일에서 즐거움을 찾을 수 있고 돈까지 벌 수 있다면 얼마나 좋을까! 샐러리맨이라면 누구나 생존을 위해, 가족을 부양하기 위해 고통을 참아가며 일을 한다. 사람들은 서로를 지탱해 주면서 살아가며 좋은 평가를 받고 싶은 욕망도 있다. 아무리 훌륭한 그림을 그렸다고 하더라도 평가를 받지 못하면 만족도 느낄 수 없다. 반대로 자신이 그린 그림을 보고 "화가가 그린 작품 같네요!"라는 말을 듣는다면 큰 만족감을 느낄 수 있을 것이다.

평가는 다른 사람이 해 주는 것이다. 사물의 가격 또한 타인의 평가라고 할 수 있다. 자원 봉사자에게 "당신 덕분에 살 수 있었고 감사하다"는 말을 들음으로써 삶의 보람을 느낀다. 예를 들어 각 지방자치단체에는 고령자 사업단이라는 조직이 있다. 이는 노인들을 조직하여 길거리에 방치되어 있는 자전거를 정비하거나 쓰레기를 줍도록 하고 있다. 또한 300엔 정도의 시급을 지급하기 때문에 보람을 느끼면서 사람들에게 감사도 받고 그야말로 일석이조인 셈이다.

만약 이렇게 움직여서 번 돈으로 근처의 작은 선술집에서 약주 한 잔이라도 할 수 있다면 경기 회복에도 조금이나마 도움이 될 것이다.

행정기관이 고령자에게 300엔의 시급을 지불하면 그만큼의 효과는 있는 것이다. 물론 이런 일에 세금을 사용하지 않고 철거 전문업자에게 의뢰하는 등, 경제원칙에 충실하게 이끌어 가는 방법도 있을 수 있다. 그러나 모든 일을 경제원칙에 입각하여 수행하기보다는 고령자의 고용을 배려함으로써, 치매를 예방하고, 저가의 노동력을 이용하며, 경기회복에도 도움이 되는 일석삼조의 발상으로 행정을 한다면 국가적으로도 큰 도움이 될 것이다.

정년 후 잔여 기간은 20년

평균 수명을 80세까지로 보면 정년 퇴직 후에 20년이라는 세월이 남게 된다. 물론 수명에는 개인차가 있지만 대략적인 예측은 해 볼 수 있다.

그리고 남은 인생을 즐겁게 살고 싶다는 생각은 하지만 그 방법이 어려운 문제이다. 즐거운 인생이란 한 마디로 압축해서 결론을 내리기가 어렵기 때문이다.

반대로, 지금까지의 삶에서 괴로웠던 기억은 얼마든지 열거할 수 있다. 대표적으로는 부상을 당하거나 질병에 걸렸을 때를 들 수 있다. 병에 걸리게 되면 건강했을 때가 마치 꿈처럼 느껴진다. 노인에게 인생에서 가장 행복했던 것이 무엇이냐고 물으면 대부분은 건강하게 살아온 것을 꼽는다. 가령 억만금의 부를 축적해 두었다 하더라도 건강하지 않으면 행복해질 수 없다. 이처럼 건강은 인생의 행복과 불행에 직접적으로 연결된다.

노화 현상은 자연의 섭리다. 불로장생을 위한 특효약이 개발되지 않는 한 우리는 늙고 죽게 될 것이다. 기계도 오래 사용하면 이상이 생기는 것처럼 사람도 마찬가지다. 젊었을 때 체력이 있다고 하여 너무 무리하면 건강의 최대의 적인 스트레스를 받을 수 있다. 따라서 자신에게 맞는 건강법을 찾아서 일상에서 그것을 지켜 나가야 한다. 일상에서 할 수 있는 건강 관리법을 살펴보도록 하자.

- 일찍 자고 일찍 일어나기
- 영양의 균형을 맞춘 하루 세끼의 식사
- 적당한 운동
- 취미활동을 하고 두뇌를 사용하기
- 집안에만 있지 말고 적극적으로 외출하기
- 멋 내기
- 스트레스가 쌓이지 않도록 하기
- 건강 예방의학에 관심을 갖기

무리할 필요 없이 이 중에서 자신이 쉽게 실행할 수 있는 것부터 시작해 보는 것이 좋다.

나의 건강법

나도 건강만큼은 신경을 쓰고 있다. 한 동안 어머니를 간병하면서 생긴 요통 때문에 고생을 많이 했다. 거동이 불편한 어머니를 안아 올리거나 어머니를 휠체어에 태운 채로 들어 올리기도 하는 등, 엄청난 힘이 필요한 일이었다. 어지간하게 힘이 있는 남자도 힘에 겨운 중노동이었다. 그래서 간병하는 동안에 요통이 심해진 것이다.

어머니와 산책을 할 때에도 그렇다. 일본의 도로 사정은 장애물이 많아서 휠체어를 밀 때에도 신체에 부담이 많이 간다. 약간의 문턱을 넘을 때에도 상당한 힘이 필요하다.

고령화 사회가 진행되고 있는 오늘날, 의무교육을 받는 일본의 모든 아이들에게, 간병하는 사람과 간병을 받는 사람의 입장에서 체험을 하도록 할 필요가 있다. 이렇게 길거리의 턱을 없애는 것이 얼마나 중요한 문제이고, 지금

간병을 받는 사람이 얼마나 자유를 제한받는 생활을 하고 있는지를 느끼도록 하는 것이다. 그러면 간병하는 사람과 환자의 고통을 몸으로 체험할 수 있을 것이다.

현재 일본은 앞에서 열거한 것처럼 매우 열악한 상황이다. 그래서 간병하는 많은 사람들이 정신적 · 신체적 고통을 호소한다. 체력에 자신이 있던 나였지만 어쩔 수가 없었다.

요통이 너무 심할 때에는 지팡이를 짚고 걸어야 했고 자동차를 탈 힘도 없었다. 이렇게 되자 어머니 간병에 신경을 쓸 여력이 없었다. 침과 마사지, 정형외과 등을 전전하며 여러 가지 치료를 받았지만, 일시적으로만 통증이 완화될 뿐 금방 재발했다. 어머니를 병원이나 노인시설에 모시고 갈 때에도 승용차를 이용했기 때문에 나 역시 운동이 부족했던 것이다. 이것이 다시 요통을 일으키는 원인이 되는 악순환으로 이어졌다.

결국 어머니와 나, 아내까지 모두 다 쓰러지겠다는 생각에 걱정이 되어 요통에 특효라는 모든 치료를 받아 보았다. 그러나 기대한 만큼의 효과는 없었다. 나는 하는 수 없이 간단한 걷기 운동부터 시작하기로 했다.

단순히 산책을 하는 것이 아니라 만보계를 차고 매일 만보를 걸었다. 만보계는 복잡한 기능이 붙어 있지 않아도 된다. 단순하고 정확하게 숫자가 표시되면 상관이 없다.

다른 사람들은 만보를 걷는 데 얼마나 시간이 걸릴지 모르지만, 내 걸음으로는 1시간 40분 정도가 걸렸다. 우리는 일상생활에서 약 3000보 정도를 걷는다고 한다. 퇴근할 때까지 목표를 달성하지 못하면 비가 오나 눈이 오나 밤이든 낮이든 상관하지 않고 매일 만보를 채웠다. 매우 단순한 운동이었지만 만보 걷기를 3개월 동안 하자 그렇게 나를 괴롭히던 요통이 거짓말처럼 사라졌다.

요통에는 여러 가지 원인이 있지만 등 근육과 복부 근육을 단련하는 것이 치료에서 가장 중요하다. 게다가 워킹으로 전신의 근육을 단련시키면 치료에 큰 효과가 있다. 침이나 어떤 현대적인 치료를 받아도 낫지 않던 통증이 아무런 비용을 들이지 않고 걷기만으로 완치되었으니 신기하고 고마울 따름이다.

이렇게 요통에서 해방된 나는 어머니의 간병을 임종 때까지 계속할 수 있었다. 그때 이후로 나는 지금도 만보계를 반드시 착용하고 있다. 가까운 거리는 자동차를 이용하지 않고 걸어서 간다. 워킹의 장점은 일부러 스포츠 센터에 가지 않아도 언제 어디서나 쉽게 할 수 있다는 것이다. 요통으로 고민하는 사람들에게 꼭 권하고 싶은 운동이다.

가족 주치의는 꼭 필요하다

질병의 예방, 치매의 예방이 우리 현대인들 앞에 놓여진 큰 과제다. 또한 막상 병에 걸렸을 때 어떻게 대응할 것이냐의 문제도 있다. 병에 걸렸을 때는 치료의 내용과 치료비라는 두 가지의 문제가 생긴다. 치료비의 경우 일반적인 질병이고 건강보험에 가입되어 있다면 30%만 부담하면 된다. 치료 내용의 경우는 가족 주치의를 둘 것을 강력히 추천한다. 가족 주치의는 가족의 일상적인 진료나 건강관리를 해 준다. 질병에 따라서 내과나 외과로 달라질 수 있지만, 평소에 진료를 받을 수 있는 전문의를 정해 두면 좋다.

가족 주치의의 이점은 다음과 같다.

1. 여유 있게 진찰을 해 준다.

2. 입원이나 검사가 필요할 경우에는 적절한 병원을 알려준다.
3. 일상생활에서의 건강관리에 대해 조언을 해 준다.
4. 가족의 병상, 병력, 건강 상태를 파악하고 있으므로 위급할 때 곧바로 대응할 수 있다.

만약 암 수술을 받아야 할 경우라면 수술 경험이 많고 기술이 뛰어난 의사가 있는 병원을 선택해야 한다. 그러나 일상 속에서라면 가까운 곳에 친절한 가족 주치의가 있으면 안심할 수 있다.

똑같은 감기라도 사람에 따라서 증상은 천차만별이다. 가족 주치의라면 평소에 진료를 받기 때문에 건강 상태에 관한 자료가 계속 쌓일 것이다. 그래서 위의 4번 항목에서도 언급했듯이 본인뿐 아니라 가족의 건강 상태까지 파악할 수 있다. 병에는 가족 중의 한 사람만 진료해서는 알 수 없는 유전적인 원인이 있을 수 있는데, 가족 주치의를 두면 이런 점에서도 유리하다.

만약 평소와 다른 위험한 증상이 나타나면 즉시 큰 병원이나 적절한 의료기관을 소개받을 수 있다. 이것이 가족 주치의를 두는 가장 큰 장점이다. 질병은 무엇보다 조기에 발견하는 것이 우선이다. 이를 위해 언제든지 상담할 수 있는 가족 주치의를 두어야 한다.

가족 주치의가 없을 경우, 다음과 같은 조건을 갖춘 의사를 찾아보자.

1. 큰 병원보다는 개인 의원
2. 걸어서 30분, 자동차로 10분 안에 갈 수 있는 근처의 병원
3. 처음에는 큰 병원에서 진료를 받고 나중에 좋은 병원을 찾는 것도 방법
4. 평판이 좋고 자신과 마음이 통하는 의사
5. 전화로 문의했을 때 응대를 잘해 주는 친절한 병원
6. 수시로 학계의 최신 정보를 입수하는 열정이 있는 의사
7. 환자가 납득할 때까지 설명해 주는 의사
8. 계절적인 질병에 대해 항상 준비를 하는 의사
9. 오랫동안 진료를 받아 익숙해진 의사

요즘에는 가족 주치의의 특색을 살리는 IT 기술도 발달하고 있다. 그 중의 하나가 진찰 기록의 전자화를 들 수 있다.

병력을 종이에 써 두는 것이 아니라 컴퓨터에 입력하여 데이터로서 기록하는 것이다. 진찰 기록을 전자화했을 때의 이점은 다른 병원과 진찰 기록을 공유할 수 있다는 점이다. 이에 따라 초진이라는 말은 사실상 없어진다. 만약 도중에 다른 병원에서 진료를 받을 때에도 모든 검사를 처음부터 다시 할 필요가 없다. 예를 들어 지방을 여행하던 중에 갑자기 병이 나서 지방에 있는 병원에 가더라도, 평소에 진료를 받았던 병원에서처럼 편안하게 진료를 받을 수 있다.

이렇게 병원이 진찰 기록을 공유할 수 있다면 한 번만 검사하더라도 어느 병원에서든 검사 자료를 이용할 수 있기 때문에 환자들의 부담이 줄어든다. 보통 초진은 재진과 비교했을 때 진료비가 상대적으로 비싸다. 그러나 진료 기록을 전자화해 두면 의료진의 입장에서도 잔손이 덜 가기 때문에 비용도 저렴해질 것이다.

환자에게 돌아오는 이점은 또 있는데, 의사를 바꿀 수

있다는 점이다. 가족 주치의에게 불신이 생기더라도 꾹 참고 계속 다녀야 할 경우가 많다. 그러나 전자 진찰 기록이 도입되면 가족 주치의를 바꾸는 일도 쉬워진다. 또한 병원도 신규 환자가 늘어나거나 줄어들면 경쟁을 하게 될 것이다. 의사도 항상 연구하는 자세로 임하게 될 것이고, 성심성의껏 환자를 대하게 될 것이다. 환자가 다른 병원으로 옮겨 버릴 수 있기 때문이다.

진찰 기록이 전자화되면 단점도 있을 수 있다. 진찰 기록을 종이로 보관할 때보다 날조하기 쉬워질 것이다. 그러면 최근에 문제가 되고 있는 의사의 윤리 저하에 제동을 걸기가 힘들어진다. 그러다 보면 불상사나 의료 사고가 일어날 수 있다. 또한 개인 정보가 전자화되면 정보를 보호하기 위한 안전 장치도 확보되어야 한다.

각 병원이 그런 시설을 갖춘다는 것은 경제적으로 큰 부담이 될 것이기 때문에 모든 병원이 체계를 구축하려면 다소 시간은 걸릴 것이다.

전자 진찰 기록화에 관해서는 이렇듯 찬반 양론이 있지만 도입하는 방향으로 진행되고 있다. 머지않아 전국의 어느 병원에서든 자신의 병력을 알 수 있는 시스템이 구축될 것이다.

그러나 지금은 가까운 곳에 가족 주치의를 두는 것이 중요하다.

명의를 찾는다

우리는 명의에 관한 정보를 얻기가 어렵다는 말을 자주 듣는다. 대부분의 사람들이 좋은 의사를 찾을 수 없다고 생각하고 운에 맡기는 상황이다.

필자의 경우, 앞에서도 말했듯이 2001년에 눈의 상태가 악화되었을 때(망막박리) 인터넷을 통하여 안과를 검색했다. 나는 동경의대에서도 평가가 좋은 안과의를 찾을 수 있었다. 곧 병원에 가서 진료를 받고 수술을 받게 되었다. 다른 의사였다면 발견이 늦어지고 사태가 더 악화되었을지도 모른다.

따라서 평소에 주간지 등에 실리는 명의에 관한 정보나 인터넷을 통하여 얻은 정보를 충분히 활용할 수 있어야 한다. 가능하면 실력이 없어 보이는 의사는 피하고 유능한 의사에게 진료를 받을 수 있도록 해야 한다. 심각한 병이 아니라면 가족 주치의로도 충분할 것이다. 만약 암이나 뇌졸중 · 심장병과 같은 3대 성인병 등의 질환일 경우, 치료 여하에 따라서는 완치될 수도 있으므로 명의를 찾아가서 진료를 받아야 한다.

현대인은 중년이 넘어서면서부터 뇌경색이나 뇌일혈로 쓰러질 가능성이 매우 높다. 조기에 발견할 수 있느냐 없느냐는 전적으로 의사의 능력에 달려 있고, 의사의 능력에 따라 생사를 달리할 수도 있다.

실제로 이를 증명해 주는 경험을 한 적도 있다. 나보다 나이가 많은 친지가 결혼식에 참석하여 연회장에 들어섰을 때였다. 갑자기 쇠망치로 머리를 얻어맞은 듯한 두통을 느꼈다고 한다.

그리고 두통이 너무 심해서 참을 수가 없었다고 한다. 결국 몸을 움직일 수조차 없었는데 다행히도 뇌외과 전문의가 연회에 참석하고 있었다.

그 사람은 뇌졸중으로 쓰러졌지만 동석했던 뇌외과 전문의의 신속한 조치로 인해 위험한 사태를 막을 수 있었다. 그는 병상에서 회복했고 현재는 뇌졸중이 발병하기 이전의 건강한 상태로 사회생활을 하고 있다.

이 사례처럼 뇌졸중으로 쓰러졌을 때 유능한 뇌외과 전문의가 바로 옆에 있을 경우란 기적에 가깝다. 그렇기 때문에 우리는 평소에 명의들의 리스트를 수집해 두는 노력을 해야 한다.

한겨울에 따뜻한 방에서 갑자기 차가운 곳으로 나가면 뇌경색으로 쓰러질 수 있다. 이런 사고를 예방하기 위해서는 방처럼 목욕탕이나 화장실을 따뜻하게 해 두어야 한다. 또 평소에 심장병이나 암 등이 발병했을 때를 대비한 대비책도 마련해 두어야 한다. 그 일환으로 명의들의 리스트를 작성해 둔다면 귀찮기는 하더라도 안심할 수 있을 것이다.

의료비로 고민할 필요 없다

사회보험의 자기 부담이 30%로 늘어나고 입원비의 부담이 늘어난 것을 불안하게 생각하는 사람들도 있다. 혹시 난치병이나 희귀병에 걸려 한 달에 수십만 엔씩의 돈이 들어가면 어쩌나 하는 불안감도 있다. 하지만 걱정할 필요는 없다. 수입의 차이에 따라 부담 금액에 차이가 있지만, 일정액 이상은 지불하지 않아도 되는 고액 요양비 제도가 있기 때문이다. 그런데 이 제도는 의외로 알려져 있지 않다. 알아두면 큰 도움이 되는 제도 중의 하나이다.

예를 들어 평균 급여가 56만 엔 미만인 가계의 가족이 입원을 하여 한 달 의료비가 100만 엔이 나왔다고 하자. 원래대로라면 100만 엔의 30%에 해당하는 30만 엔을 부담해야 한다. 하지만 고액 요양비 제도에 따라 자기 부담액의 상한은 7만 9890엔이 된다. 즉 창구에서 지불한 30만 엔 중에서 22만 110엔을 환불받을 수 있다.

고소득자나 주민세를 내지 않는 사람들은 자기 부담 한도액이 또 달라진다.

70세 이상인 사람은 정액에서 10%를 부담(고소득자는 20%)하도록 개정되었지만, 이 역시 자기 부담에 상한선이 있고 환불도 받을 수 있다.

다음은 비용 문제이다. 생명보험이나 손해보험의 경우를 말하는데, 일반적으로 사회보험이나 국민 건강보험에 따라 의료비는 20~30%만 부담하면 된다.

입원을 한다거나 암 등의 중병에 걸렸을 때에는 암보험

등의 보험에 가입되어 있으면 된다. 이전에는 7일 이상 입원하지 않으면 보험료가 지불되지 않았다. 하지만 외국계 보험회사들이 진출하여 최근에는 하루만 입원하더라도 수급을 받을 수 있다.

어쨌든 건강보험으로 치료비를 거의 지불할 수 있게 되었다. 현재 일본에서는 병에 걸렸을 때 의료비가 문제가 되는 일은 극히 드물다. 의료비 때문에 새로운 보험에 가입할 필요가 거의 없는 것이다.

오히려 미국은 일본처럼 국민 전체를 대상으로 한 포괄적인 건강보험제도가 없다. 중병에 걸리면 엄청난 액수의 의료비를 부담해야 한다. 이 때문에 미국에서는 생명보험에 별도로 가입해 둘 필요가 있는 것이다.

젊었을 때에는 건강하고 병에도 잘 안 걸리지만 나이가 들면 체력도 약해지고 쉽게 병이 들게 된다. 그런데 내가 일 때문에 외국에 자주 나가 봐서 알고 있지만, 일본처럼 건강보험증만 있으면 어떤 병원에서나 쉽게 치료를 받을 수 있는 나라는 많지 않다. 이런 일본의 의료제도는 앞으로도 지켜 나가야 한다.

그런데 어떤 사람은 병원 신세를 지는 일도 없는데 매달 보험료를 내야 한다며 억울해 한다. 그러나 국가적인 차원에서 보면 국민 건강보험제도는 반드시 필요하다.

국민 건강보험에 가입되어 있고 어느 정도의 예비 자금이 있으면 긴급하게 입원하더라도 사용할 수 있을 것이다. 그러므로 보험과 저축으로써 대비해 두도록 하자.

고액 요양비 제도에 따른 1개월의 환자 부담금 한도액(70세 미만)

구분	환자 부담 한도액
고소득자	139,800엔+ (의료비*−466,000엔)×1%
일반*	72,300엔+ (의료비*−241,000엔)×1%
주민세 비과세 세대	35,400엔

*일반 : 평균 월급이 56만 엔 미만인 가계의 사람

*의료비 : 병원 창구에서 지불한 금액(30%)이 아닌 소요된 의료비(100%)

예) D씨(구분/일반)의 경우

소요된 의료비 100만 엔

병원 창구에서 지불한 30만 엔

환자 부담 한도액 = 72,300엔 + (1,000,000엔 − 241,000엔) × 1% = 79,890엔

나중에 신청해서 환불받는 금액

300,000엔 − 79,890엔 = 220,110엔

에도시대를 통해 배우는 '고령자 사회'

에도시대의 '고령자 문화'

취미 활동을 하면 치매를 예방할 수 있고 더 나아가서 그것이 인생에 있어서 하나의 전환점이 될 수도 있다. 우리 주변에도 은퇴를 한 후에 크게 성공한 사례가 많이 있다. 정년 후를 살아가는 데에 있어서 참고할 만한 것이 바로 에도시대이다. 다치카와 쇼지 씨는 「에도 고령자의 문화」라는 책에서 에도시대는 노인을 높이 받들던 시대였다고 강조한다. 이 책에서는 부손(蕪村)이라는 옛 시인의 "젊은 사람들이 노인을 공경하고 우러러본다"는 시구를 인용하여 이야기를 전개한다. 또한 "에도시대의 사람들은 지금의 우리와는 달리 인생의 후반부에 더 행복했다"고 서술한다.

그리고 이시카와 히데스케 씨와 다나카 유우코 씨의 공저인 「에도의 자원봉사 사정」에서도 "에도시대에 은거했던 사람들은 현역에 있을 때보다 더 큰 일을 한 사람들이 많았다. 이는 곧 은거 후의 생활을 인생의 본론으로 여겼고, 그것 때문에 젊었을 때 부지런히 일을 했던 것으로 여겨지는 사례가 눈에 띈다. 그리고 일이라 하더라도 돈을 벌기 위해서보다는 사회봉사나 자원봉사와 같은 일을 하기 위해 은거했던 사람도 많다"고 한다.

구체적인 은거의 예로 「동해도 53차그림」으로 유명한 우타카와 히로시게나, 「대일본연해여지전도」를 그린 이노 다다타카가 대표적이다.

에도시대의 평균 수명은 50세가 채 안 되었다. 당시 우타가와 히로시게가 27~28세였으므로 지금으로 하면 정년의 나이에 해당되는 나이였다. 그런데 그는 가업이었던 소방단(에도시대의 소방조직)을 그만두고 은거를 한 후, 그림을 그리기 시작하여 많은 작품을 남겼다. 단지 그림이 그리고

싫어서 집안의 가업이자 평생 직업인 소방대원을 그만두었던 것이다.

또 1745년에는 치바 현에서 태어난 '이노 다다타카'가 있다. 그는 17세에 치바 현에서 몰락 위기에 있던 양조업을 경영하는 이노 가(家)의 데릴사위로 들어갔다. 그 후 사업을 일으키고 1794년 49세의 나이로 은거를 했는데, 가업은 장남에게 물려주었다. 그가 은거를 시작했던 49세라는 나이는 당시의 평균 수명이었다. 그는 이제 해야 할 일은 다했다면서 은거하기 위해 아들에게 가업을 물려주었다. 그 다음 해에 그는 천문학을 배우기 위해 도쿄로 나와서 자신보다 나이가 어린 텐몬카타(天文方, 에도시대의 직명으로, 천문 · 편력 · 측량 · 양서 번역 등을 함)였던 다카하시 요시토키의 문하생으로 들어갔다. 그리고 전국의 실지 측량을 하기 시작하여 일본 최초로 실측지도를 제작하게 된다. 이때 제작된 「대일본연해여지전도」는 그 후 일본을 방문한 미국인들이 감탄했을 정도로 완성도가 높았다고 한다.

이밖에도 56세에 은거하여 각지를 여행했던 승려 노다 센코인, 고바야시 이싸(에도 후기의 시인)의 후계자였던 시인 나츠메 세비(34세에 은거), 무코지마 백화원의 창시자였던 사하라 기쿠(40세 전반에 은거), 한때 인기가 시들해졌던 시조를 에도시대에 다시 번창시킨 우테이 엔바(40세로 은거) 등을 꼽을 수 있다.

이들 모두 은거 후에 눈부신 활약을 하여 역사에 이름을 남겼다. 이러한 사례들은 노후, 즉 은퇴한 후에 취미나 사회봉사를 한다거나 자신이 정말 하고 싶은 일에 전념하여 인생을 빛낸 좋은 본보기가 된다.

하지만 이렇게 단순하게 에도시대와 21세기를 비교할 수는 없을 것이다. 단, 전쟁이 없는 평화로운 시대였다는 점과 젊은 나이에 세상을 떠나는 일이 드물었다는 점에서는 공통점이 있다. 이런 의미에서 '노인'을 높이 평가하는 발상은 고령화 사회인 현대에 있어서도 배울 점이 많을 것이다.

노인이 크게 활약하다

노인이 활약했던 에도 문화를 본보기로 하여 발상을 전환하여 장수사회의 즐거운 '노인'을 실현해 보자. '노후야말로 진정한 인생'인 것이다. 제1차 베이비 붐 세대는 제2차 대전 전후에 태어나서 그저 먹고 사느라 바빴다. 또 고도 경제 성장기 때에는 돈을 버는 것에만 열중했다. 따라서 취미에 몰두할 수 있는 시간적인 여유가 없었다.

필자는 프랑스에 유학을 가서 유럽의 여러 나라 사람들과 접하면서 느낀 점이 있다. 프랑스나 이탈리아 국민들은 평소에도 느긋하게 휴가를 보내서 그런지 하루 빨리 은퇴하여 자신만의 시간을 갖고 싶어한다. 40세든 35세든 단 하루라도 빨리 연금을 받고 즐기면서 여생을 보내는 것을 목표로 한다. 이들의 국민의식과 이 나라들이 문화대국이라는 사실은 전혀 무관한 것이 아니다.

그러나 일본의 경우는 프랑스처럼 40대에 일찌감치 은퇴하여 매일 요트를 타는 등, 이들과 똑같은 생활을 하기는 현실적으로 불가능하다. 하지만 주 4일제 근무를 하면서 취미를 즐기는 것은 가능하다. 어차피 일본인은 단순히 즐기면서 여생을 보내기보다는 1주일에 3~4일은 일하는 것이 성격적으로 더 맞을 것이다.

어쨌든 노후에는 자유시간이 생기므로 취미를 즐기든 일을 하든 스스로 결정할 수 있다. 노후를 유용하게 활용하기 위해서는 첫째로 건강해야 한다. 이노 다다타카의 경우도 병에 걸려서 걸을 수 없었다면 일본 최초의 지도는 만들지 못했을 것이다. 건강이 뒷받침되었기 때문에 위대한 유산을 남길 수 있었다.

만약 지금까지 건강에 신경을 쓰지 못했다면 이제부터라도 질병에 걸리지 않도록 주의하고 생활을 개선해 나가도록 해야 한다. 물론 여태까지 직장생활을 해 왔던 사람들은 그럴 만한 여유가 없었을 것이다. 이른 아침에 일어나서 급하게 식사를 마치고 서둘러서 집을 나와, 만원 통근 전차를 타고 출근하는 것이 생활의 연속이었기 때문이다. 그러나 정년 후에는 시간적으로 충분한 여유가 생긴다. 아침식사도 느긋하게 하면서 건강에 더욱 신경을 쓸 수 있는 것이다. 여유롭게 시간을 사용하면서, 그 속에서 자기실현을 위한 여러 방안들을 생각해 볼 시간인 것이다.

'세상을 위해, 사람을 위해서'라는 자세를 갖는다

에도시대의 이노 다다타카, 우타가와 히로시게는 노후에 자신들이 좋아하는 일에 정열을 쏟아 부을 수 있었기 때문에 위대한 유산을 남길 수 있었다. 그러나 누구나 이들처럼 위업을 이룰 만한 특기나 취미를 갖고 있는 것은 아니다. 취미는 대부분 즐기면서 끝내는 경우가 많다. 어떤 사람들은 사회에 도움이 되는 일을 하고 싶어할 수도 있다. 그렇다면 자원봉사나 사회봉사에 참여해 보는 것은 어떨까? 봉사활동은 특별한 재능이 없어도 할 수 있으므로 쉽게 다가갈 수 있다.

그 동안 일본은 자원봉사를 비롯한 사회봉사 활동과는 거리가 먼 나라였다. 경제적으로는 풍족해졌지만 사회에 봉사하려는 마음의 여유가 없었기 때문이다. 지나친 학력 위주의 교육이 사람들로부터 마음의 여유를 앗아가 버린 것이다. 이렇게 왜곡된 교육 현실이 학내 폭력이나 소년범죄의 증가로 나타나고 있다. 결국 20세기 후반의 일본은 조상들이 일구어 놓은 소중한 유산을 점점 잃어 가고 있다.

에도시대의 교육 기관 중에는 테라코야(寺子屋, 서당)라는 것이 있었다. 승려, 무사, 신사의 일을 돌보는 신관(神官)이나 의사들이 선생이 되어 읽기, 쓰기, 주판을 가르치던 곳이다. 이 시대의 취학률은 80%나 되었고, 전체 인구 중에서 글자를 읽을 수 있는 사람의 비율도 당시의 세계 최고 수준이었다. 반면, 19세기 중엽의 영국의 공업도시의 취학률은 20~25%였다. 러시아를 포함한 유럽 전체의 성인 중에서 약 60%가 글을 읽지 못했다. 이것만 봐도 에도시대의 아이들이 얼마나 공부를 했는지를 알 수 있다.

에도시대에는 아이들이 7~8세가 되면 부모가 가까운 테라코야에 보내 읽기와 쓰기, 주산을 가르쳤다. 여자 아이들은 바느질이나 꽃꽂이를 배웠다. 앞에서 언급했던 이시카와 에이스케는 당시의 테라코야에 대하여 다음과 같은 기록을 남겼다. "학교는 아이들이 직접 선택하거나 부모가 스승과 의논해서 정하면 되었다. 규율 같은 것이 없는 정말로 편하고 의사소통이 잘 되는 학교 체계였다. 또 당시의 학교는 전문가가 강제적으로 결정하는 수업이 아니다." 다시 말해 지금의 학교 교육과는 근본적으로 달랐는데, 그 시대에는 학생들이 원하는 것을 가르쳤다.

에도시대에 서민문화가 번창했던 오사카에서도 자유롭고 실학적인 학문이 개화했다. 오사카라고 하면, 에도시대 후기의 서양학문을 연구한 학자이자 의사 · 교육자였던 오가타가 세운 '데키주쿠(방직물 학교)' 라는 학교로 유명하다. 이 밖에도 상인들이 만든 학교인 '회덕당(懷德堂)' 이나 '함취당(含翠堂)' 등의 사설학교가 있었다. 이 학교에서는 신분을 따지지 않고 교재 없이 강의를 받을 수 있었다. 사정이 있을 경우에는 수업 도중에 빠져 나올 수도 있었다. 한 마디로 말해 오늘날의 대학처럼 자유로운 분위기였던 것이다.

이처럼 오늘날의 학력사회나 순위를 우선으로 하는 교육과는 전혀 다른 세계가 바로 에도시대에 존재했다. 메이지 시대에 접어들어 의무교육이 실시된 후에도 무학력의 실력자들은 이공계와 화학 분야에서 꽃을 피우게 된다. 1875년에는 노벨상을 수상한 다나카 고이치가 근무했던 시마즈 제작소라는 회사가 설립되었다. 시마즈 제작소의 2대 대표였던 시마즈 겐조는 초등학교도 졸업하지 못했음에도 불구하고, 일본 최초의 '감응기 전지' 와 '의료용 엑스레이 장치' 등을 제조했다. 그리고 1930년에는 일본의 10대 발명가로 뽑히게 되었다.

교토의 시마즈 자료관에는 그의 활약상을 짐작해 볼 수 있는 많은 자료들이 전시되어 있다. 오늘날과 같은 학교 교육 체제하에서도 이렇게 재능을 발휘할 수 있을까 하고 생각해 보면 많은 의문이 든다.

왜냐하면 에도시대에는 의사가 본업을 하면서 자원봉사로 아이들을 가르쳤다는 사실부터가 지금과는 엄청나게 다르기 때문이다. 학생들도 그 수업이 마음에 들지 않으면 다른 선생님께로 옮겨갈 수 있는 완전한 자유경쟁 체제였다. 오늘날의 보습학원과 같은 시스템이라고 할 수 있다. 그래서 학생들은 자발적으로 수업에 참여했고, 지금처럼 괴롭힘이나 학내 폭력도 없었다.

에도시대의 이런 자유로운 교육 시스템은 서구에서 도입한 근대의 의무교육보다 어떤 면에서는 훨씬 더 뛰어나다고 할 수 있다. 오늘날 황폐된 학교 교육이 그것을 여실히 증명해 주고 있다.

당시의 자유로운 학교 교육은 다음 세대를 짊어지고 갈 우수한 젊은이를 육성했다. 그 덕분에 일본은 메이지유신에 따른 위기를 모면할 수 있었다. 앞서 언급한 오사카의 '데키주쿠' 라는 학원에서는 유능한 많은 인재들을 배출해

냈다. 오늘날, 교육이라는 관점에서 에도시대를 다시 한 번 평가해 보아야 할 것이다.

노인이어서 할 수 있는 일

요즘에는 도시뿐만 아니라 시골에서도 이웃과의 유대관계가 점점 약해지고 있다. 만약 이럴 때 자원봉사자들이 지역주민들과 유대관계를 쌓아 나갈 수 있다면 얼마나 좋을까?

내가 어렸을 때만 해도 이웃과의 정이 두터워 이웃 사촌이라는 말도 있었다. 어렸을 때 한 번은 아버지께 꾸중을 듣고 밖으로 쫓겨나서 울고 있었다. 그러자 옆집의 할아버지가 울음소리를 듣고 나와서 나를 아버지께 데리고 가서 중재 역할을 해 주었다. 나는 자연스럽게 아버지께 용서를 빌 수 있었고 그 분도 어린 나를 대신하여 용서를 빌었다.

내가 살던 곳이 특별해서 그런 것은 아니다. 1960년까지는 전국 어디에서나 흔히 볼 수 있는 광경이었다. 그만큼 지역 전체가 아이들의 교육에 관심이 많았고 노인들의 역할도 높은 평가를 받았다.

또 이런 모습은 에도시대에는 흔한 일이었다. 가나자와 대학 교육학부의 에모리 이치로 교수는 「테라코야의 용서를 빌어 주는 역할 – 아이가 퇴교 처분을 받았을 때 어떻게 했는가?」라는 논문에서 용서를 빌어 주는 역할에 대해 이렇게 설명하고 있다. "테라코야에서 나쁜 짓을 한 아이는 수업이 끝난 후에 남아야 한다. 그리고 책상 위에 꿇어앉아서 물을 가득 채운 양동이를 들고 있게 하는 벌을 주었다"고 한다. 이럴 때 '용서를 빌어 주는 역할'을 하는 사람이 있었다. 나이가 많은 노인을 비롯하여 선배나 동년배의 아이들, 선생의 아내나 아이의 부모가 그 역할을 했다. 선생은 학생들을 엄하게 꾸짖으면서도 도중에 용서를 빌어 주는 역할이 등장하면 용서를 해 주었다.

또 하나 흥미로운 사실은 화가 나서 학생을 꾸짖어야 할 교사가 미리 이웃집 어른을 찾아가서 "오늘 옆집의 학생을 벌을 주려고 하는데, 적당한 시기를 봐서 도중에 말려주세요"라고 부탁하기도 했다. 이런 상황은 마치 한 편의 연극과 같다.

심지어는 퇴교 처분을 받은 학생도 이웃 어른들이 대신

용서를 빌면 다음날 서당에 나갈 수 있었다고 한다.

나는 동네 어른들이 '용서를 빌어 주는 역할'을 맡아서 연기를 하는 것은 큰 효과가 있다고 생각한다. 그야말로 '고령자 문화'의 진면목을 볼 수 있는 것이다. 이는 고령화 사회를 어두운 이미지로만 표현하는 오늘날의 일본과 대조적이다. 고령화 사회가 된 현대야말로 노인들의 사회적 역할이 기대되고 있다. 간병만 하더라도 60대의 건강한 사람이라면 가능할 것이다. 건강한 노인이 간병의 손길이 필요한 노인을 보살펴 주는 것이다. 같은 세대라면 말도 통할 것이고 상호간에 공감대도 형성되어 더욱 좋을 것이다.

만약 젊은 사람이 간병을 하면서 유명 연예인 등의 이야기를 한다면 이름 정도는 알고 있을지 몰라도 마음이 통하지는 않을 것이다. 하지만 비슷한 세대끼리 간병하고 간병을 받는다면 대화가 쉽게 무르익을 것이다. 이처럼 서로가 비슷한 처지에 있다는 것만으로도 서로 공감대를 형성할 수 있다. 간병은 젊은 사람보다는 같은 세대의 사람이 더 적합할 수 있다.

누구든 사회가 필요로 하는 일을 할 수 있다는 것은 행복으로 연결된다. 게다가 노인을 간병하는 일은 보람을 느낄 수 있다.

또한 지역의 구청이나 시청에서 봉사활동을 하고 싶어하는 사람들을 모아 역 주변에 방치된 자전거 등을 정리하는 일을 맡길 수도 있다. 시급은 아르바이트 수준으로 낮지만 이미 연금도 받고 있을 테고, 젊었을 때보다 지출도 적기 때문에 소일거리로는 훌륭하다. 게다가 사회와 접점을 유지할 수 있고 다른 사람을 위해 봉사하고 있다는 보람도 느낄 수 있다.

앞으로는 이런 종류의 자원봉사 활동을 더욱 확대해야 한다.

사람은 혼자서 무언가를 하기보다는 동아리 활동처럼 모여서 무언가를 하고 싶어한다. 자원봉사와 같은 사회봉사 활동도 시작하기만 하면 사람들이 모이게 될 것이다. 이렇게 모인 사람들과 함께 개발도상국에 나무를 심어 주는 활동을 할 수도 있을 것이다. 다른 나라에 가 보게 되면 견문도 넓힐 수 있고 자연스럽게 많은 사람들을 만날 수 있기 때문에, 친구들도 사귀게 되고 인간관계도 넓어질 것이다.

자원봉사를 삶의 보람으로

에도시대의 선생들이 자원봉사로 활동했다는 사실은 매우 흥미롭다. 지금처럼 생활에 여유가 있던 시대가 아니었음에도 불구하고 사회봉사 활동이 이루어지고 있었던 것이다. 어쩌면 지금보다도 그 시대에 더 적극적으로 사회봉사 활동이 이루어졌는지도 모른다.

1995년에 일어난 오사카 대지진에서 자원봉사자들의 활약을 비롯하여, 최근에는 각지에서 자원봉사 활동을 적극적으로 장려하고 있다. 그러나 아직은 많이 부족하다는 생각이므로 지금보다 더욱 활발하게 이루어져야 한다. 정년퇴직을 하고 지식과 시간이라는 두 가지 모두를 겸비하고 있는 60대는 자원봉사 활동에 가장 적합하다고 할 수 있다. 그렇지만 실제로는 아무 것도 하지 않는 사람들이 대부분이다. 아침, 저녁으로 애완견을 데리고 산책을 하거나 쇼핑을 하거나 아니면 집에서 야구나 보는 생활이 전부이다.

시간이 남아서 할 일 없이 돌아다니거나 모여서 게이트볼을 하는 노인들도 많다. 그 시간에 자원봉사 활동을 한다면 인생을 보다 유익하게 보낼 수 있을 것이다.

우리 주변에서 할 수 있는 일을 한 번 살펴보자. 최근 통학길에서 학생들이 봉변을 당하는 사건이 많이 일어나고 있다. 이 때문에 각 지역별로 방범 순찰을 하고 있다. 아이들을 보호하기 위해 경호원을 붙인다거나 부모가 감시하고 있을 수도 없는 일이다. 만약 노인들이 자원봉사 활동의 일환으로 이런 역할을 맡아 줄 수 있다면, 부모나 사회에는 많은 도움이 될 것이다.

물론 게이트볼을 하는 것이 잘못되었다는 것은 아니다. 단지 고령자들끼리만 모여서 취미활동을 한다는 것이 왠지 아쉽게 느껴진다. 방범이나 경비 업무 등 고령자가 사회에 이바지할 수 있는 일은 얼마든지 있기 때문이다.

나는 위의 내용들을 TV에서도 자주 언급하고 있다. 그래서인지 많은 시청자들이 "우리 지역에서는 열심히 자원봉사 활동을 하고 있다"는 의견들을 보내오기도 한다. 지역에 따라서는 활발하게 봉사활동을 하고 있었던 것이다.

2005년 5월에 실제로 경시청은 다음과 같은 조사결과를 발표했다. 지역에서 자주적으로 결성된 '방범 자원봉사 단체' 가 2004년 말 시점에서 2003년에 비해 5000건 이상

증가하여 8,079개의 단체에 이른다고 한다. 그리고 단체 구성원의 평균 연령이 60대였다. 최근 1년 동안 2.5배나 증가한 것이다.

게다가 범인을 체포하는 기술이 있는 경찰 출신의 정년 퇴직자 등은 사회봉사에 안성맞춤이다. 건강한 고령자는 현역에 있을 당시의 3분의 1 정도 되는 저렴한 급료로 경비원이나 방범직원으로 고용할 수 있기 때문이다. 검사였던 호리다 씨는 '밝은 복지재단'을 설립하여 복지와 관련된 업무에 전력을 쏟고 있다. 이런 사례는 정년 후의 고령자들의 활동에 있어서 바람직한 모델이 되고 있다.

노년이 되어서도 두뇌를 사용하고 건강하게 보낼 수 있도록 하는 것이 진정한 노령문화의 실현으로 이어진다.

오늘날 고령자들은 신체적으로도 건강하고 실제로도 매우 젊다. 70세의 노인들도 20년은 젊어 보이고 체력도 있으니 한참 더 일을 할 수 있는 것이다.

물론 정년 퇴임을 하고 나서 오랜만의 여유를 갖고 쉬고 싶을 수도 있다. 하지만 아무 일도 하지 않으면서 갑자기 쉰다는 것도 쉬운 일은 아니다. 그래서 갑자기 일을 그만두기보다는 60세를 경계로 하여 일의 비율을 조금씩 바꿔

가는 것이 좋다. 60대에는 젊었을 때의 70% 정도의 일을 하고, 70대에는 40%, 75세를 넘으면 일은 20% 정도로 하고 여가생활을 80% 정도로 늘리는 것이다.

이를 실현하기 위해서는, 연금을 지급하다가 일을 시작하면 연금 지급을 중단하는 제도를 당장 철폐해야 한다. 일을 하면서도 연금을 받을 수 있는 상황이 되어야만 퇴직자들이 재취업을 할 수 있기 때문이다. 따라서 연금제도를 근본적으로 재검토함과 동시에 영구적인 사회보장 시스템을 구축해야 할 것이다.

'사회봉사'와 '치매격퇴'라는 일석이조의 효과

요즘 해외에서 노후를 보내는 것이 유행이 되고 있다. 단기간의 관광을 떠나는 것이 아니라 현지에서 살면서 지역사회에 공헌을 하는 것이다.

하지만 해외에서는 병원시설이 충분하지 않아서 곤란을 겪게 될 수 있다. 일본보다 의료 환경이 열악한 외국이나 시골에서는 당연히 최첨단의 의료 서비스를 받을 수가 없다.

해외에서 살면서 봉사활동을 하기로 결정했다면 먼저 여권을 준비하고 비자를 취득해야 한다. 그리고 그 나라에 대한 사전 준비를 충분히 해 두어야 한다. 만약 현지에서 직접 처리해야 할 일들이 많을 것 같으면 현지의 언어도 어느 정도는 공부를 해 두어야 한다.

사실 새로운 출발을 위해 이런 준비를 하거나 공부를 하면서 바쁘게 생활하다 보면 치매에 걸릴 틈이 없어진다. 치매란 다양한 교류를 하거나 머리를 사용하면 어느 정도 예방을 할 수 있기 때문이다.

어떤 경우에는 회사를 퇴직함과 동시에 치매가 찾아오는 사람도 있다. 매일 아침 항상 하던 출근을 하지 않아도 되고 자고 싶은 만큼 실컷 잠을 잘 수 있고, 종일 잠옷 바람으로 집에 있어도 되는 생활을 반복하기 때문이다. 그렇게 되면 생활에의 활력이 떨어지고 두뇌의 사고활동도 정지해 버린다.

만약 그런 사람이 사회활동을 한다고 하자.

사회활동에 참여하면서 봉사활동이 있는 날에는 몸가짐에 신경을 쓰게 될 것이다. 여성의 경우라면 화장도 하고 심리적으로 긴장감을 갖게 될 것이다.

또 무언가를 배운다는 것도 치매 예방에 매우 효과적이다. 배운다는 것은 새로운 것을 익히는 것이다. 치매를 예방하려면 항상 도전을 하는 자세를 유지해야 한다.

그 중에서도 외국어 공부가 매우 효과적이다. 요즘은 돈을 들이지 않고도 어학을 배울 수 있는 환경이 갖춰져 있다. 아침에 일찍 일어나면 라디오 강좌나 TV 강좌를 들을 수 있고, 교재도 월 200~300엔이면 충분하다.

예를 들어 2004년에는 한국의 멜로드라마 「겨울연가」의 주인공 '배용준'이 폭발적인 인기를 끌었었다. 그래서 TV나 라디오에서 한글강좌를 듣고 공부하여 한국말을 익힌 다음, 서울이나 부산으로 여행을 떠나는 즐거움을 경험한 사람들의 이야기를 사회 현상처럼 자주 들을 수 있었다. 이처럼 항상 새로운 것에 도전하는 즐거움을 가져야 한다.

학습하는 내용은 어학이든 무엇이든 상관이 없다.

지역화폐를 아시나요?

자원봉사에는 지역화폐라는 개념이 있다. 흔히 '쿠폰'이라든가 '바우처'라고 하는 것이 그것이다. 환경, 복지, 지역사회, 교육, 문화 등 화폐로 나타내기 힘든 가치를 지역사회의 구성원들이 서로 교환할 수 있도록 한 다양한 형태의 교환 수단이다. 지금까지는 없었던 21세기의 '새로운 화폐제도'인 것이다.

예를 들어 현재 어느 지역에서 생활을 하고 있고 매주 일요일마다 노인간병을 했다고 하자. 1주일에 10시간을 간병을 하면 카드에 10시간분의 도장을 받게 된다.

이 도장은 돈으로는 환산이 되지 않는다. 만약 70세가 될 때까지 3,000시간을 모으면 내가 병으로 쓰러졌을 때, 그 도장에 해당하는 시간만큼 무료로 도우미의 보살핌을 받게 된다. 이처럼 지역화폐라고 하는 것은 일종의 상부상조의 시스템이다. 홋카이도의 구리야마초를 비롯하여 일부 지역에서는 이미 실험적으로 행해지고 있다.

좋은 제도이기는 하지만 아직 전국적으로 보급되지는 않고 있다. 지금의 지역 내 방식으로는 지역화폐가 전국 규모로 통용되기 어렵기 때문이다. '세타가야' 지역화폐를 갖고 있다가 이사를 하게 되면 무용지물이 된다. 그리고 지역화폐가 3,000점이나 쌓였다고 해도 앞으로 인구가 감소

되면 정작 자신이 병으로 쓰러졌을 때는 도우미가 부족할 수도 있다. 이렇게 지역화폐제도에는 두 가지의 문제점이 있다. 하지만 어떤 시스템도 처음부터 완벽하지는 않다. 시행착오를 되풀이하면서 문제를 해결해 나갈 수 있는 방안을 찾아야 한다.

정년 퇴직 후의 일과 집

아직은 일할 수 있다!

자원봉사도 좋지만 일을 해서 실제로 돈을 벌고 싶은 사람도 있을 것이다. 일을 하고 싶은데 나이가 정년이라 어쩔 수 없이 퇴직한 경우도 많기 때문이다. 보통 60세가 정년 퇴직이지만 사실상 앞으로 10년은 더 건강하게 일을 할 수 있는 나이이다.

그러면 여기서 더 구체적으로 고령자의 재취업 업종으로는 어떠한 것들이 있는지에 대해 검토해 보자.

직업 소개소인 '헬로워크'에서 찾는다

다음의 도표는 도쿄에 위치한 '헬로워크 고령자 취직상담 코너'의 구인사례와 급여이다.

헬로워크는 후생노동성이 운영하는 직업 알선을 위한 공공기관으로서 구인과 구직을 연결해 주는 역할을 한다.

일의 성격에 따라서 구속받는 시간이 길거나 때로는 체력을 필요로 하는 일도 있으므로, 자신의 건강 상태를 잘 고려하여 신중하게 선택해야 한다.

또, 일을 선택하는 데 있어서 일의 내용과 규모가 예전에 했던 일보다 '너무 쉽거나 규모가 큰 일을 하고 싶다'고 생각하는 사람도 있을 것이다. 그러나 고령자의 재취업에 있어서 자신의 마음에 꼭 드는 일을 찾기는 힘들다. 이제부터는 제 2의 인생이다. "나는 지금까지 눈부신 활약을 했다"는 자존심을 버리고, 이제부터는 사회에 공헌한다는 겸허한 자세로 직업을 선택해야 한다.

헬로워크 고령자 취직상담 코너의 구인사례와 급여 (도쿄 내에서 조사)

직종(연령)	출근일/시간	급여
아파트 청소(65세까지)	주 3~4일/7:00~16:00	일당 7,000엔
사무실빌딩 청소 (70세까지)	주 3~4일/7:30~15:00	일당 6,000엔
사원기숙사 관리/주방일 (62세까지)	주 5일/5:00~8:00	월 15만 엔
상주경비(70세까지)	주 5일/16:00~익일 8:00	시급 800엔~
서무 · 경리 업무(64세까지)	주 5일/9:00~18:00	시급 800엔~
냉장설비운전 감시업무 (60세까지)	주 5일/8:45~17:30	월 21만 엔~
옥내전기설비공사의 견적 · 적산(60세까지)	주 5일/8:30~17:30	월 18만 엔~
유치원버스 운전 (70세까지)	주 5일/7:50~16:30	월 15만 엔~
호텔객실 청소(연령 불문)	주 6일/9:30~14:30	시급 950엔~
전문서 교정(제한 없음)	주 3일/9:45~18:00	시급 900엔~
컴퓨터 문서작성/서적서류 정리 · 운반(연령 상담 가능)	주 5일/8:30~17:00	시급 900엔~
메신저 업무 (연령상담 가능)	주 5일/9:00~12:00	시급 900엔~

치과의사의 진찰보조/청소(연령 상담 가능)	주 5일/9:30~20:00	월 16만 엔~
해체공사/대형차 운전(60세까지)	주 6일/7:30~17:00	월 36만 엔~
주유소 세차/오일교환/판매 등(60세까지, 운전면허 필수)	주 5~6일/7:30~16:00	월 25만 엔~
주류 · 잡화 매장판매(연령 상담 가능)	주 5일/9:00~13:00	시급 800엔~
이벤트 입장객에게 인사/신발정리(연령 상담 가능)	주 3일/11:30~20:15	시급 1,000엔~

실버 인재센터를 활용한다

실버 인재센터란 국가와 지방자치단제의 지원으로 운영되는 공익법인으로서 전국에 1,860개 단체가 있으며 회원수는 약 80만 명이다. 나이는 60세 이상으로 직업 생활에서 은퇴한 건강하고 일할 의욕이 있는 사람이면 누구나 회원이 될 수 있다.

회원이 되고자 하는 사람은 우선 자신이 살고 있는 지역의 실버 인재센터의 등록신청서를 입수한다. 희망하는 일의 종류나 일할 수 있는 요일·시간 등의 필요사항을 기입해서 제출한다. 그리고 등록 설명회에 참석하여 센터의 취지나 규칙 등을 숙지하면 회원으로 등록이 된다.

실버 인재센터에서는 지역의 공공기관이나 민간기업, 또는 일반 가정에서 발주한 일을 회원에게 위탁하고 위임한다. 회원이 희망하는 일의 종류나 경험, 일할 장소와의 거리를 고려하여, 가장 적합한 사람을 뽑아 전화로 연락을 하게 된다. 그리고 본인이 그 일을 할 마음이 있으면 계약이 성립된다.

보수는 실버 인재센터에서 정해진 날짜에 자동으로 이체된다.

실버 인재센터의 알선업무와 보수 기준금액

(요코하마 실버 인재센터의 경우)

업무 내용		보수
일반작업 분야	건물 · 아파트 · 사무소 등 청소	800엔/시간
	제초작업, 풀베기	7,500엔/일당
	상품관리, 자재관리	800엔/시간
	포장, 곤포, 부품조립	800엔/시간
시설관리 분야	주차장 · 자전거주차장 관리	800엔/시간
	아파트 · 맨션 관리	800엔/시간
서비스 분야	일반가정 청소 · 세탁 · 장보기	800엔/시간
	아이 돌보기	800엔/시간
	노인 간병보조(노인간호보험 대상외)	1,000엔/시간
	정원 손질	최고 12,000엔/일당
기능 분야	페인트칠	최고 12,000엔/일당
	목공일(수리)	최고 12,000엔/일당
	벽지 바르기	1,500엔/한쪽 면 (재료비 별도)
섭외 분야	수금	800엔/시간
	판매	800엔/시간
	전단지 배포	전단지 크기에 따라 조정
사무정리 분야	서류 · 전표정리 · 컴퓨터 입력	800엔/시간
	경리사무	800엔/시간
	감사장 · 표창장에 붓으로 정서하기	3,200엔/장 (100자 이내)
	붓펜으로 봉투에 주소 쓰기	100엔/장

전문기술 분야	전기 · 기계설비의 보수점검	1,200엔/시간
	각종 강좌 강사, 컴퓨터 지도	2,000엔/시간
	번역(영어→일본어)	2,100엔/400자

*보수 기준금액은 각 센터에 따라 다르다.

해외이주로 풍족한 연금생활을 실현한다!

주변에 보면 저축이 없기 때문에 의지할 것은 연금밖에 없다고 하는 사람도 있다. 그랬을 때 퇴직 후의 재정계획에 대해 불안을 갖는 것은 당연하다. 만약 장래에 대한 금전적인 불안감이 큰 사람은 발상을 바꾸어 물가가 싼 해외로 이주하거나 시골로 이사하는 것도 좋은 방법이다. 그렇게 하면 연금만으로도 생활이 가능하며 경우에 따라서는 연금으로 저축까지 할 수도 있다.

해외이주

최근, 해외에서 노후 생활을 보내려고 하는 사람이 증가했다. 퇴직한 직후에는 체력이나 사회적응력도 있으므로 해외이주가 가능하다. 내가 권하고 싶은 곳은 거리적으로도 가까운 아시아이다. 아시아권에 있는 나라라면 비행기로 10시간 내에 이동이 가능하다. 가끔씩 일본에 돌아올 것을 생각해서라도 너무 먼 나라는 힘이 들기 때문이다.

아시아 국가 가운데서도 특히 태국이나 베트남은 쌀이 주식이고 젓가락을 사용하는 국가이므로 친근감이 있다. 일본에서도 아시아의 전통 음식점을 통해서 그 나라의 음식을 접할 기회가 있어서 친숙하기 때문에 식생활에도 문제는 없을 것이다.

또 아시아 민족이라는 연대감도 있으므로 그 지역에 적응하기 쉽다는 측면도 있다.

백인사회라고 할 수 있는 선진국에서는 지역에 따라서 아직도 유색인종이라는 이유로 인종차별을 받는 경우가 있다.

그리고 아시아는 물가가 싸기 때문에 추천하고 싶은 곳이다. 현재 일본의 부부 평균 연금 수령액은 월 24만 엔 수준이다. 이 금액은 일본에서 생활하기에는 충분하지 않지만, 아시아의 다른 나라, 특히 태국이나 베트남, 말레이시아 등지에서는 호화로운 생활을 할 수 있다. 연금을 모두 쓰지 않고 연금을 받아서 저축을 할 수도 있다. 일본에서 생활하면서 연금이 부족하여 퇴직금에서 돈을 끌어다 써야 하는 상황과는 차이가 많다.

아시아 각국도 이주자를 받아들이는 데 적극적이며 최근 일본인의 이주가 증가하는 추세다. 단, 그들은 일본인이 지출하는 돈이 목적이기 때문에 이주에 대한 조건으로 연금 수령금액이나 자산이 어느 일정 수준에 있는 사람에 한정하고 있다. 그렇기 때문에 이주를 하는 데 필요한 자격과 조건을 미리 알아두면 좋다. 예를 들어 인도네시아에서는 가사 일을 돌봐 주는 사람이나 운전수로 인도네시아인을 고용하는 조건으로 퇴직자 비자를 발급한다고 한다.

여기서 해외이주를 위한 준비절차를 살펴보자. ① 이주지 선택, ② 비자 취득, ③ 주거 선택이다. 이주하기로 결정했으면 먼저 일본의 집을 어떻게 처리하느냐는 문제가 있다. 해외에 장기간 거주할 예정이라면 현재 일본에서 살고 있는 집을 임대로 내놓는 것도 좋다. 그렇게 하면 임대료는 저축으로 들어갈 수도 있다. 다음 그림에서는 해외이주에 이르기까지의 과정과 이주시에 고려되어야 할 점을 정리해 보았다. 참고가 될 것이다.

해외로 이주하는 방법

시골 생활

도시인들이라면 한 번쯤 퇴직 후에 시골에서 자신의 손으로 농작물을 키우면서 자급자족하는 생활을 생각해 볼 것이다.

실제로도 퇴직 후 시골로 이주해 농사짓는 일에 도전하는 사람이 늘어나고 있다. 이것을 '귀농'이라고 한다. 이렇게 최근 귀농 붐이 일어나는 것은 나이가 들면 시골에서 살고 싶어지는 인간 특유의 본성 때문이다.

하지만 시골에서 농사를 짓는다고 하더라도 먼저 자신의

장래의 모습을 명확하게 그려 두어야 한다. 농사는 논농사, 야채, 과수, 축산 등 여러 가지 형태가 있다. 이주할 곳도 기후, 풍토, 생활환경, 복지, 주택 등을 확인하려면 직접 찾아가서 조사를 해야 한다.

시골 생활을 위한 최초의 경비로 주택자금이 2000만 엔~3000만 엔 정도가 필요하며, 경운기를 구입하려면 몇 십만 엔이 더 필요하다. 먼저 이 초기 비용을 마련해야 한다. 도시 생활보다 교통비나 자동차에 관련된 비용이 늘어나지만 반대로 교제비, 오락비, 의료비, 식비는 줄어든다. 따라서 이주한 후의 생활비는 연금으로 충당될 수 있을 것이다.

그리고 농사일을 전혀 해 보지 못한 경우가 대부분일 것이므로 미리 공부를 해두고 경험을 쌓는 것이 중요하다. 각 자치단체가 실시하고 있는 농어촌 체험여행이나 단기나 장기 연수제도를 이용해 보는 것도 한 방법이다.

다음 페이지에서는 신규 취업농민에 대해 상담을 할 수 있는 곳을 표로 정리해 보았다. 우선 전국 규모의 취업농민센터를 활용해서 농어촌 체험여행 등을 하면서 그 지역의 구체적인 이미지를 파악해 두는 것부터 시작하자.

취업농민 희망자를 위한 상담창구

구분	희망 사항		상담창구
시골 생활	시골 생활을 희망한다(농업은 자급자족 정도로만 하고 싶다).	→ 자신의 희망을 토대로 정착지를 검토 →	전국 관청의 정착 이주 상담창구에서 상담
먼저 농업체험	농업에 관심은 있지만 아무런 경험도 없고 우선은 농경작업을 체험하고 싶다.	→ 농업체험 이벤트에 참가한다. →	전국의 신규 취업농민 상담 센터에 문의
		→ 시민 농원, 체재형 시민 농원을 빌린다. →	지방의 관공서에 문의
	농업에 매력을 느끼거나 장래에 농사를 지어 보고 싶다고 생각하고 있다.	→ 각지의 취업농민 준비학교에서 농업을 학습한다.	취업농민 준비학교 본부에 문의
독립해서 농업을 시작한다	농업을 시작하기 위한 정보, 농업을 시작하기 위해 필요한 것 등, 전반적인 사항을 파악한다.	→	전국의 신규 취업농민 상담 센터에 상담을 한다.
	앞으로 농업 경영을 하고 싶다. 그러나 기술이나 자금이 부족하다. 생활을 확보하면서 기술을 배우고 꿈을 실현하고 싶다.	→ 전국 관공서의 단계적인 지원 조치를 이용할 수 있을지 살펴본다. →	전국의 신규 취업농민 상담 센터에 상담을 한다.
	농업을 시작하기 위한 자금 확보, 농지 취득, 기술 습득, 주택 확보 등을 진행시키고 취업농민이 되고 싶다.	→ 취업농민 상담 창구에서 상담하면서 취업농민을 목표로 한다. →	전국의 신규 취업농민 상담 센터에 상담을 한다.

이주의 함정

해외나 시골에서 생활을 할 때 정신적으로 가장 힘이 드는 것은 친구가 없다는 점이다. 따라서 지금까지 살아온 익숙한 도시에서 노후를 보낼 것인지, 농촌에서 보낼지, 아니면 저 멀리 해외에서 살 것인지는 각자의 취향에 따라서 결정해야 한다. 해외나 시골에 있는 것보다 도심에 있는 것이 쾌적하다는 사람도 많기 때문이다.

들뜬 마음으로 시작한 시골 생활도 결코 즐거운 일만 있는 것은 아니다. 예를 들어 나가노는 여름은 시원해서 지내기 쉬울지 모르지만 겨울은 굉장히 추워진다. 그리고 다리나 허리가 부실하고 신체가 건강하지 못하면 농사일은 어렵다. 그렇기 때문에 부부 중 어느 한쪽이 건강이 나빠지면 도시로 다시 되돌아오는 결단을 내리게 될지도 모른다. 모처럼 산 집도 헐값에 내 놓아야 할지도 모른다.

또 시골은 도시에 비해 의료 서비스가 충분하지 못하므로 고령자에게는 불안 요소가 된다. 반면, 도시의 경우에는 대부분 자동차로 30분 이내의 거리에 시설이 잘 갖춰진 병원이 있다. 다른 사람들과의 커뮤니케이션이나 영화 등과 같은 오락 시설도 많기 때문에 치매예방에 도움이 된다는 이점도 있다. 이처럼 도시 생활은 다양한 자극이 존재하기 때문에 사회성이나 사교성을 유지하기 쉬운 것이다.

만약 어떤 사람이 도시에서의 복잡한 인간관계가 싫어서 시골로 내려갔다고 하자. 하지만 시골도 마찬가지로 그 지역사회에 편입되지 않으면 도시에 있을 때보다 더 외로운 생활을 하게 된다. 시골에서는 시골만의 독특한 인간관계가 있다. 농촌이나 어촌에는 오랜 시간에 걸쳐서 형성되는 규율도 존재하기 때문에 거기에 익숙해지는 것은 매우 힘이 들 것이다.

더군다나 해외의 경우에는 이런 일본의 시골보다 더 융화하기 어려울 것이다. 문화도 다르고 언어도 익혀야 하기 때문이다. 어쨌든 양쪽 모두 그 지역사회가 받아들여 주지 않으면 힘든 생활이 될 것이다. 지금까지는 국내에서 도시 생활을 해 왔기 때문에 외국이나 시골에 대해 막연한 동경심을 갖고 있는 것도 이해한다. 그러나 현실을 제대로 파악하지 않고 이주를 해서 고생을 하는 경우도 자주 보게 된다.

해외이주의 경우에는 나라를 선정할 때에 신중을 기해야

한다. 예를 들어 반일 폭동이 일어나고 있는 중국 등의 경우에는 치안면에서도 불안하기 때문이다. 모처럼 즐거운 생활을 보내려고 해외로 이주를 했는데 공포에 떠는 나날을 보내야 할 수도 있기 때문이다. 따라서 국제적인 상황을 파악하여 반일 폭동 같은 일이 일어나지 않는 나라를 선택해야 한다.

자기 나라라면 위험한 곳도 파악이 되어 문제점을 피할 수도 있다. 하지만 문화도 다르고 지리도 잘 모르는 외국에서는, 사고를 당하기는 쉽고 대응하기는 어렵기 때문이다. 그리고 주택을 선택할 때에는 주택 자체의 방범 설비와 그 지역의 치안 상태를 살펴야 한다.

이상의 것처럼 해외나 시골로 이주를 할 때는 이러한 부정적인 요소들을 구체적으로 파악한 후에 결정을 하도록 하자.

양로원 시설도 선택 방법 가운데 한 가지이다

고령화 사회가 진행되는 가운데 유료 양로원 시설도 많

이 생겼다. 일반적으로 유료 양로원 시설은 식사, 상담, 상담에 대한 조언, 건강 관리, 오락, 쇼핑, 수속 대행 등의 서비스가 제공되는 시설이다.

양로원 시설 비용에는 입주시에 한번에 지불하는 입주금과 매달 지불하는 금액이 있다. 입주금이란 개인실과 공유시설을 이용할 권리를 사기 위한 비용이다. 유료 양로원 시설은 건물의 건축시 공공기관으로부터의 보조금이 없기 때문에 입주금으로서 일시불로 들어온 돈으로 운영되고 있는 것이다.

예전에는 유료 양로원 시설에 들어가려면 3000만 엔 이상의 입주금이 필요했다. 따라서 입주자는 부유층이 대부분이었다.

현재도 조금 호화로운 양로원 시설에 들어가려면 입주금 2500만 엔에 월 20만 엔씩을 낼 수 있는 능력이 있어야 한다. 입주하는 동안의 연령을 65세에서 90세로 상정하여 산출을 하면 8500만 엔이 소요되는 셈이다.

최근 그 수요가 늘어나면서 민간 기업이 잇달아 시설을 지어 사업화하여 유료 양로원 시설도 저가격화되었지만 아직은 비싼 경향이 있다.

하지만 혼자 생활하는 고령자의 경우에는 위급한 때에 대응을 해 주고 옆에서 항상 돌봐 줄 사람이 있다면 안심을 할 수 있다. 이런 때에 양로원 시설은 비싸더라도 그만큼 이용 가치가 높은 것이다. 또 부부의 경우에도 시설에서의 교제 활동이나 오락 프로그램이 마음에 들어서 맨션을 구입하는 감각으로 입주를 하는 경우도 늘고 있다고 한다.

다음의 표에서 양로원 시설을 선택할 때의 기준을 정리해 보았다.

양로원 시설을 선택할 때에는 비용이나 입지 이외에도 의료 대응 능력과 전체적인 분위기를 고려하는 것이 중요하다. 따라서 유료 양로원 시설에는 반드시 제휴 의료기관이 있어야 한다. 입주자의 건강 관리나 긴급시의 의료 대응을 제대로 해 주어야 하기 때문이다. 시설의 제휴 의료기관인 병원이 좋은 병원인지 어떤지를 조사해 두어야 한다.

그리고 양로원 시설 중에는 우량 양로원 시설이 있는 반면, 고령자의 주머니만을 노리는 악덕 업자도 늘어나고 있어 문제가 속출하고 있다. 돈만 받고 적당 적당히 운영을 하는 시설도 있다는 것이다.

따라서 비싼 돈을 지불하는 만큼 입주한 후에도 후회가

없기 위해서는 1주일 정도 체험적으로 입주를 해 볼 것을 권한다. 그 기간 동안 양로 시설 입주자의 분위기가 밝은지 일하는 사람들의 대응이나 태도가 양심적인지를 점검해 보자.

그리고 보통 입주자의 불만 해결이나 원활한 운영을 위해서 운영 간담회를 열기도 하고 옴부즈맨이라고 하는 제3자를 두어 감시를 하는 제도가 시행중인 시설이라면 더욱 신뢰할 수 있다.

양로원 시설을 선정하는 기준

1. 양로원 시설이 위치하는 지역의 편리성
   (가족이나 친구 집과의 거리, 역까지 거리 등)

2. 제휴 의료기관의 수준

3. 간병 태세
   간병인은 몇 명이나 있는가, 야간 근무나 휴일의 근무 태세는 적합한가?

4. 양로 시설의 분위기
   밝고 청결한가, 근무자들은 친절한가?

5. 시설의 운영
   입주자와 시설자 측의 의견 교환의 장이 마련돼 있는지, 옴부즈맨 제도를 실시하고 있는가?

네 번째 이야기

변화하고 있는 간병

21세기, 가정 최대의 테마 '간병'

가정에 뿌리 내린 간병 문제

풍요로운 노후를 보내는 데 있어서 '안심'과 '안전'은 매우 중요하다. 안심이란 질병에 걸렸을 때를 대비한 보험이나 노후 생활에 대비한 보장 등을 말한다. 안전이란 사고나 도둑, 강도, 치한, 사기 등의 범죄를 당하지 않도록 하는 것이다.

그러나 그보다 더 중요한 것은 심신의 건강이다. 건강은 모든 사람이 행복을 결정하는 기준이다. 건강하고 즐거운 노후를 보낼 수 있다면 얼마나 좋겠는가? 그러기 위해서는 무엇보다 치매에 미리 대비하려는 자세가 필요하다. 치매가 본인의 의지로 피할 수 있는 것은 아니지만, 본인과 가족 모두에 고통을 안겨 주기 때문이다. 치매에 걸리지 않도록 하기 위해서는 예방을 위한 노력이 필요하다.

치매 예방에 관해서 이야기하기 전에, 먼저 간병이 직면하고 있는 문제를 짚고 넘어가 보자. 간병에 있어서 가장 큰 문제는 두 가지로 압축할 수 있다. 하나는 '누가 간병을 할 것인가?' 이며, 다른 하나는 '누가 간병 비용을 지불할 것인가?' 이다. 이 두 가지의 문제 때문에 고민이 된다. 물론 나도 예외는 아니었다.

그렇다면 '누가 간병을 할 것인가?' 아내가 쓰러지면 남편이 간병을 하거나, 남편이 없으면 장남이 간병을 해야 한다. 만약 장남이 할 수 없다면 장남의 며느리가 간병을 할 것이다. 이렇게 반드시 누군가는 간병을 해야 한다.

간병은 경험해 본 사람만이 알 수 있을 정도로 매우 힘든 일이다. 정신적으로나 신체적으로, 경제적으로도 많은 부담이 된다. 그래서 환자를 간병한다는 것은 쉬운 일이 아니다. 결국은 가족 중의 누군가로 결론이 날 것이다. 이 때문에 종종 형제와 가족들 사이에 갈등이 생기기도 한다.

나는 '간병은 전문 간병인에게 맡기는 것이 좋다'고 생각한다. 이는 7년에 걸친 어머니의 간병을 하면서 얻게 된 해답이다. 간병은 전문인에게 맡기고 가족은 애정으로 병자를 보살핀다는 원칙으로 접근하는 것이 좋다. 특히 환자에게 재활의 노력과 자립심을 유지해 주려면, 가족이 아닌 타인이 간병을 하는 것이 바람직하다.

나의 어머니도 그랬지만 가족이 옆에 있으면 나약해지게 마련이다. 식사만 놓고 보더라도 스스로 먹으려 하지 않고 가족에게 의지하려 한다. 그러나 스스로 음식물을 먹지 못하게 되면 살려는 의지도 감퇴된다. 나는 강하게 마음을 먹고 어머니 스스로 음식물을 섭취하도록 하면서 간병을 했다. 이런 일도 전문 간병인이라면 적절하게 지도할 수가 있을 것이다.

다음은 '누가 간병 비용을 지불할 것인가?'라는 문제이다. 이 문제에 관해서는 간병보험이 도입된 덕분에 부담이 매우 줄어들었다. 물론 경제적으로 부담이 되는 것은 지금도 마찬가지지만, 도입 이전과 비교하면 한결 부담이 줄었다. 2005년에 간병보험이 개정될 것인데, 이후에도 문제점을 계속 보완해 나가야 할 것이다.

간병보험으로 부담이 격감

고령화가 진전되는 가운데 지금까지 간병의 중추적인 역할을 해 온 세대가 고령화되어 가고 있다. 동시에 동거하지 않는 핵가족(아니면 동거하고 있어도 젊은 부부가 맞벌이를 하는 경우)도 늘고 있다. 결국 가정의 간병 능력은 크게 저하되었다. 여기서 간병이란 가족만 관여하는 것이 아니라, 사회 전체가 폭넓게 지탱해 나간다는 목적으로 간병보험을 만들어야 한다. 지금 40세 이상의 국민은 매달 간병 보험료로 3,000엔에서 4,000엔의 납입금을 지불하고 있다. 그리고 간병보험의 서비스를 받으려면, 65세 이상일 경우 간병보험을 신청하고, 요간병과 요지원이라는 인정을 받아야 한다.

간병이 필요한지의 여부는 피간병인의 상태에 따라 결정이 된다. 2005년 개정안에 따르면 5단계로 나눠서 인정할 것인지를 결정하게 된다. 결정이 되면 단계의 구분에 따라

보험금을 수급하게 된다. 예를 들어 간병이 필요하고 5단계일 경우에는 한 달에 소요되는 비용 중에서 38만~40만 엔이 지급된다. 그리고 자기부담률은 10%이므로 3.8~4만 엔만 지불하면 된다. 당시 어머니가 병상에 누워 있을 당시에는 간병보험이 없었기 때문에 부담이 훨씬 더 컸었다. 하지만 간병보험이 도입됨으로써 간병에 대한 부담은 훨씬 줄어들었다.

그렇다 하더라도 보험의 지급한도액을 초과하여 간병하고자 하는 가정에서는 돈이 많이 든다. 간병보험의 상한은 최고 수준인 간병 5단계의 경우라도 한 달에 40만 엔이 상한선이므로 그 이상은 자기부담이 된다. 이 때문에 공적인 간병보험만이 아닌, 민간 보험회사에 보험을 들어놓는 방법도 있다. 물론 간병보험을 들어서 혜택을 받는다 하더라도 누가 보험료를 내야 할 것인지를 놓고 가족 간에 다툼이 생길 수도 있다.

간병보험의 성과와 문제

간병보험이 실행된 지 벌써 5년이 지났다. 결론부터 말하자면 점점 그 성과가 나타나고 있다.

그리고 실행해 보니 여러 문제점도 발생하고 있는데 그 중의 하나가 부정 수급이다. 실제로 서비스를 필요로 하지 않으면서 간병 비용을 청구하는 사람이 있고, 증상을 무겁게 신고하여 과도한 판정을 받아 더 많은 보험료를 받는 사람들이 속출하고 있는 것이다.

간병보험을 운영하는 지역사회 등이 부정 수급으로 인해 반환을 요구받은 금액은 약 56억 2000만 엔(2003년도)이나 된다. 이런 사실이 후생노동성의 조사로 밝혀졌다. 또 반환을 요구받은 지정 사업소도 2,986개소에 달했다.

이와 같은 부정은 절대로 용납되어서는 안 된다. 보험료의 부정 수급금에 대해서는 엄격하게 반환을 요구하고 벌금을 부과해야 한다. 그러나 이런 위험을 감수하더라도 간병보험의 시행은 국민들에게 큰 혜택이라고 생각된다.

나는 기타큐슈 태생으로 18세가 되었을 때 대학을 다니기 위해 도쿄로 상경했다. 그 후 유럽에서 유학했던 기간을 제외하면 줄곧 도쿄에서 생활했다. 아버지는 내가 중학교에 다닐 때 돌아가셨지만 어머니는 건강하셨다. 나는 5형제로 4명의 누나들이 있다. 비록 막내지만 장남이나 마찬가지였기 때문에 부모를 모셔야 했다. 그래서 몇 번이나 어머니를 도쿄로 모셔오려고 했지만 어머니는 고향을 떠나기를 급구 거절하셨다.

어머니가 병상에 눕게 되자 매주 기타큐슈에 가서 간병을 해야 하는 일종의 전쟁이 시작되었다. 도쿄와 기타큐슈를 왕복하는 것만으로도 지치는데, 아내와 함께 2사람의 교통비는 한 번에 10만 엔 이상이나 들었다. 동거하고 있었다면 교통비가 들지 않았겠지만 부모와 떨어져서 살게 되면 교통비도 커다란 부담이 된다. 이런 비용은 현재의 간병보험에서는 혜택을 받지 못한다. 따라서 이런 문제도 점진적으로 해결해 나가야 한다.

어떻게 하나!? 간병보험의 재원 확보

자기부담이 가계를 압박한다고 해서 당장 간병보험의 수

급금을 늘리기는 어려운 상황이다. 사실 국가 예산은 이미 한계에 도달해 있다. 또 간병보험의 재원이 부족한 상태임에도 불구하고 매년 지출은 증가하고 있다. 사실 간병보험에 있어서 가장 큰 문제는 재원 확보 방안이다.

한 사람이 치매에 걸려서 간병이 필요한 5단계일 경우, 매달 40만 엔 정도의 간병 보험료가 국가에서 지급된다. 이 때문에 매년 500만 엔 정도의 비용이 소요된다. 현행 제도는 40세 이상의 국민이 3,000~4,000엔의 간병 보험료를 납입하는 것인데, 이 상태로 간다면 파산하게 된다. 간병보험을 도입한 2000년에, 재원을 세금과 보험료로 반씩 나누어 4조 2000억 엔으로 시작했지만, 2005년에는 5조 5000억 엔으로 비용 부담이 늘어났다.

후생노동성의 조사결과 2015년에는 치매 노인이 250만 명을 돌파할 것으로 예상하고 있다. 이렇게 될 경우 간병보험에 약 12조 5000억 엔이 필요하다. 이는 소비세의 5%에 해당된다.

즉 소비세를 5% 높이든지, 간병 보험료를 2배로 늘려야만 유지할 수 있는 것이다.

그러므로 개인적으로도 치매를 예방해야 하지만 사회 전

체로서도 예방하려는 노력이 필요하다.

즉 간병 복지도시 등을 건설하여 치매를 예방할 수 있다면 재정적으로 큰 이익이 될 것이다. 한 사람의 치매를 예방할 수 있다면, 복지도시 건설에 1인당 100만 엔이 소요된다 하더라도 간병 소요비용 500만 엔 중에서 400만 엔이 흑자인 것이다. 치매 방지를 위한 공공투자는 충분히 본전을 뽑을 수 있는 정책인 것이다.

앞에서도 언급했듯이 치매 노인은 가족이 간병하는 것이 아니라 전문 간병인에게 맡겨야 한다. 전문 간병인에게 맡기면서 그 비용은 간병보험과 그 밖의 다른 시스템을 통하여 조달하도록 하는 것이 가장 이상적이다. 이를 실현한 나라가 스웨덴과 덴마크, 핀란드인데 전형적으로 세금부담이 높은 나라들이다.

치매가 시작된 고령자는 스스로 화장실에 가기도 어렵다. 그러나 일단 기저귀를 하게 되면 기저귀를 하지 않은 생활이 불가능해진다. 그러므로 도움을 받아서라도 어떻게든 화장실에 가도록 해야 한다. 스웨덴 등의 나라에서는 고령자가 2시간 단위로 소변을 본다면, 2시간 단위로 화장실에 데려 가도록 하고 있다. 이렇게 하면 기저귀가 필요하지 않게 되고 계속 누워서 지내는 일도 피할 수 있다.

스웨덴에서는 한 사람의 치매 노인에게 두 사람의 간병인이 따라붙는다. 그러나 일본에서는 인력이 부족하기 때문에 환자 한 명에게 네 명이 수발을 들 수는 없다. 당연히 손이 모자라기 때문에 기저귀를 채우게 된다. 그 결과

치매 노인의 예상 증가추이

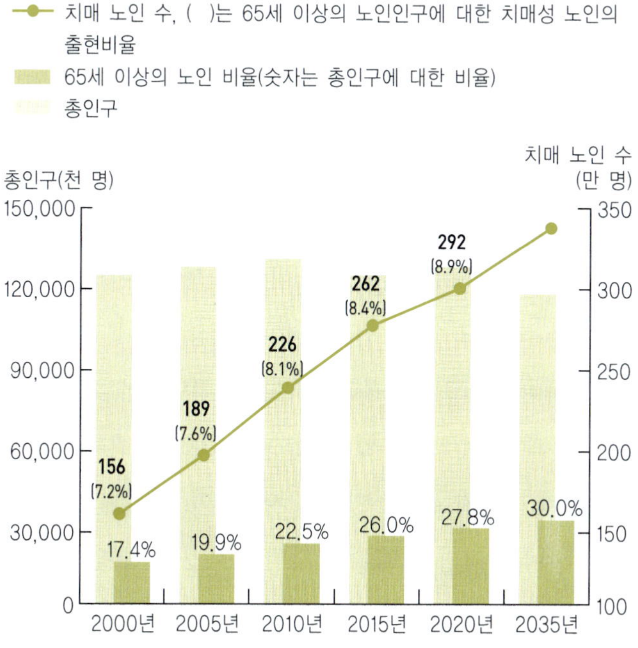

누워서 지내는 고령자가 계속 증가하고 있다.

'인력을 늘리면 비용이 더 들게 될 것이다.' 분명 인력을 충원하면 그만큼 비용이 더 들지만, 이들 나라에서는 '누워서 지내는 고령자가 증가하는 것보다는 세금을 더 많이 부과하는 쪽이 낫다'는 사고방식을 갖고 있다.

이처럼 북유럽에서는 소비세를 25%나 책정하여 간병의 재원으로 확보하고 있다. 또 독일에서는 20세가 되면 누구나 간병 보험료를 지불한다. 일본에서도 건강보험처럼 20세가 되면 간병 보험료를 지불하도록 개정하는 것이 좋을지 모른다. 국민연금도 미납자가 많아서 제대로 징수할 수 있을지 확신할 수는 없지만, 징수할 수 있다면 재정문제는 해결될 수 있다.

실제로 후생노동성은 20세 이상의 성인들에게 보험료 징수를 고려하고 있다. 현재의 40세 이상의 보험료 부담자를 20세 이상으로 끌어올리고, 새로운 부담층인 45세 미만에게 부과할 보험료로 매달 1,700~1,900엔(전국 평균)을 상정한다고 하자. 65세 미만인 사람들이 납입하는 보험료는 회사나 국가가 반액을 부담하기 때문에, 본인 부담은 월 850~950엔이 될 것이다. 이 경우 새롭게 보험료를 부담하는 인원수는 3500만 명이 된다.

이렇게 되면 현행의 보험료를 인상하지 않아도 되는 것이다.

현재 간병이 필요한 고령자 2명 중에서 한 사람은 자택에서 간병을 받고, 다른 한 사람은 시설에서 간병을 받을 경우를 살펴보자. 재택간병은 20만 엔, 시설일 경우는 25만 엔이 소요된다. 이 5만 엔의 차이가 생기는 이유는 식비와 침대 대여비를 보험으로 처리하기 때문이다. 이를 호텔 비용이라고 하는데, 자택에서 간병한다면 이 비용은 발생하지 않는다. 따라서 이 호텔 비용은 가족(간병인)에게 부담하도록 해야 한다. 간병시설에 있기 때문에 필요한 식비와 침대 대여비를 징수한다면, 국가 부담을 400억 엔 이상 줄일 수 있다.

또 지역사회의 역할도 매우 중요하다. '먼 친척보다 가까운 남'이 좋다는 말처럼, 지역사회의 주민 모두가 봉사활동에 참여하여 서로 돕는 문화가 정착되어야 한다. 이는 세금을 많이 내지 않고서도 더욱 질 좋은 간병을 실행할 수 있는 방법이다.

치매는 인간의 존엄성마저 앗아간다

간병보험이 효과적으로 기능하는 것은 좋은 일이지만, 간병을 받는 본인이든 가족이든, 또 국가로서도 치매를 예방할 수 있다면 이보다 더 좋은 일은 없을 것이다.

나는 7년 동안 어머니를 간병했는데 어머니가 치매 증상을 보이기 시작했을 때는 너무 놀랍고 당황스러웠다. 증상이 나타난 초기에는 건망증이 심해졌다. 그러더니 점차 "다른 사람에게 돈을 빼앗겼다"는 등의 피해망상증까지 나타났다. 마치 인격이 변해 버린 듯했다. '그토록 건강하던 어머니의 모습이 이렇게 변할 수 있나!' 라고 생각하니 믿을 수가 없었다.

또 육체적으로도 점점 더 쇠약해져 갔다. 다리와 허리를 곧추 세울 수 없게 되자 휠체어가 필요했다. 그리고 대소변을 가리지 못하게 되자 기저귀가 필요했다. 이렇게 되자 인간의 존엄도 그 무엇도 느낄 수 없게 되었다.

결사적으로 재활치료를 하더라도 나이가 들면 심신의 기능은 떨어져 간다. 걷지 못하기 때문에 근육의 힘도 떨어지고 손을 쥐는 힘도 떨어진다. 게다가 식사 능력, 즉 입안에서 음식을 씹어서 삼키는 힘도 떨어진다. 그래서 음식물 섭취가 줄고 점차 체력도 떨어져 간다.

7년 동안 이렇게 어머니의 심신의 능력이 쇠약해져 가는 모습을 지켜보면서 건강의 중요성을 통감했다.

그렇다면 어떻게 해야 치매에 걸리지 않을까? 치매를 예방하는 방법은 없을까? 이 발병의 메커니즘을 해명하고 특효약을 발명한다면, 인류사에 큰 공헌을 할 것이라고 생각한다. 이처럼 어머니를 간병했던 경험으로 얻어진, 예방에 도움이 되는 방법들을 제시해 보려고 한다.

치매 예방에는 성적 매력도 필요하다

그렇다면 어떻게 하면 치매를 예방할 수 있을까? 2005년의 간병보험의 개정으로 새로 등장한 '요지원(지원이 필요한) 1·2'가 그것이다. 이에 해당되는 사람들은 '신예방급부'라는 지금까지와는 다른 서비스 급부를 받을 수 있다.

예를 들어 '방문간병(집에 도우미를 파견하여 일상생활의 간병을 하게 함) 서비스'를 받고자 할 경우, 요지원 1·2로 인정된 사람은 종래의 '방문간병 서비스'는 받지 못하지만, 대신 '예방을 위한 방문간병'이라는 서비스를 제공받을 수 있다.

이 둘의 차이는 지금까지의 서비스 내용을 '예방'이라는 관점에서 보려는 것이다. 예를 들어 "환자의 안전을 확인하면서 함께 음식을 조리하거나, 함께 세탁물을 처리하는 등, 자립할 수 있도록 지원하는 것이다." 환자가 할 수 있는 일은 가능한 한 스스로 하게 하면서 자립할 수 있도록 도우미가 도와주는 것이다.

또 간병을 받는 상태가 되지 않도록 하기 위해 다음과 같은 신체의 기능을 유지하고 향상시켜 주는 도움도 강화된다.

- 덤벨 등을 사용한 근력 증진
- 넘어지지 않도록 신체의 균형을 잡아 주는 훈련
- 신체 기능이 떨어지는 것을 막는 효과가 있는 구강 관리
- 고령자의 영양 상태를 개선하기 위한 지도

이와 같은 방침이 상정되어 있다. 이런 사항들을 재점검

하기 위해, 방문간병뿐 아니라 통근간병(데이 서비스)이나 단기입소(쇼트 스테이) 등에도 적용되는 총 11종류의 '간병 예방 서비스'가 마련될 예정이다.

질병에 걸려 치료를 받기보다 예방하는 편이 훨씬 더 낫다.

특히 치유하기 어려운 지병을 앓고 있는 사람은 병과 함께 살아가야 한다. 그러나 이미 질병에 걸렸다면 할 수 없겠지만 예방하는 노력을 하는 것이 무엇보다 중요하다. 에도시대 전기의 유학자로 교육 · 역사 · 경제 면에서 수많은 공적을 남긴 가이바라 에키켄(1630~1714)도 건강은 치료보다 예방이 중요하다고 말했다.

가이바라 에키켄은 1630년 출생인데 평균 수명이 50세이던 에도시대에 84세까지 살았던 사람으로도 유명하다. 저서인 「양생훈(養生訓)」을 통하여 "음식물은 몸의 양분이 된다. 과식하지 않으면 신체의 건강을 유지할 수 있다. 그러나 과식하면 오히려 해로울 수 있다. 식물의 경우도 물이나 비료를 너무 많이 주면 말라죽는 것과 같은 이치다. 식사란 즐거운 행위이지만 적당히 함으로써 정신적인 즐거움까지 느낄 수 있어야 한다. 이것이 바로 신체의 건강을 위한 길이다"라고 말했다. 84세까지 장수한 가이바라 에키켄은 좋은 식생활을 통하여 심신의 건강을 찾고 질병을 예방했던 것이다.

치매도 다른 질병처럼 예방할 수 있다고 한다. 치매를 예방하기 위해서는 심신에 자극을 줌으로써 치매에 걸릴 틈을 주지 않아야 한다. 즉 적극적으로 생각하고 적극적으로 인생을 살아가야 한다. 나는 여기에 성적인 매력을 유지하는 것도 좋은 비결이라고 생각한다.

사람은 죽을 때까지 성적인 매력을 발산한다. 남성을 의식하기 때문에 멋을 부리고 교양을 쌓으려고 하는 것이다. 외출할 때에는 최대한 멋을 부리도록 노력하자. 또 자연 속에 머물러 있는 것도 좋지만, 젊은이들이 모이는 장소를 자주 찾는 것도 젊어지는 비결이다.

마음이 젊어져도 신체가 움직이지 않는다면 곤란하다. 따라서 몸을 자주 움직이려는 노력을 해야 한다. 필자 역시 하루에 만보를 걷겠다는 목표를 갖고 있다. 그래서 엘리베이터나 에스컬레이터는 가급적이면 피하고 계단을 이용한다. 이것만으로도 다리와 허리가 약해지지 않도록 방지할 수 있다. 물론 골프나 게이트 볼 등, 무리가 되지 않는 스포츠는 기분 전환을 위해서도 매우 좋다.

또한 생명이 있는 식물이나 동물들과 접촉하는 것도 매우 효과가 있다. 예를 들어 봄에 씨앗을 뿌려 여름에 핀 꽃을 보는 즐거움이나 가을에 열매를 수확하는 기쁨은 정신 건강에 매우 이롭다. 이러한 생명의 사이클은 인간에게 생명력을 부여해 준다. 정원의 손질 등도 건강에 매우 유익하다. 왜냐하면 손이나 손가락의 사용이 건강을 증진시켜 주기 때문이다. 어머니는 취미인 뜨개질을 그만두면서부터 치매가 급속도로 진행되었다. 좀더 손을 움직일 수 있도록 도와 드리지 못한 것이 아쉬움으로 남는다.

외국인 간병인의 탄생

최근 자유무역협정(FTA : Free Trade Agreement)이라는 말을 자주 듣게 된다. FTA란 두 나라 사이의 무역에 관세나 수량제한 등의 장벽을 없앰으로써 국가 간의 무역을 활성화시키기 위한 협정이다. FTA를 국제화의 도약으로 본다면 일본 경제와 정치에 큰 변혁의 요인이 된다.

일본과 필리핀 사이의 FTA 교섭은 2004년 11월 29일에 체결되었다. 이 협정의 체결로 인해 일본은 필리핀인 간호사와 간병인을 받아들이고 있다.

협정의 대략적인 내용은 다음과 같다.

필리핀이 장래에 일본의 관심에 부합되는 조직을 제공한다는 상정하에 일정한 요건을 갖춘 필리핀인 간호사와 간병 복지사 후보자의 입국을 허용한다. 그들에게 일본어 연수를 받게 한 후, 일본의 국가자격을 취득하기 위한 준비활동의 일환으로 취업을 인정한다(체류기간의 상한은 간호사 3년, 간병 복지사 4년). 국가시험을 치른 후 자격을 취득한 자는 간호사나 간병 복지사로서 취업할 수 있다.

간병 복지사의 경우, 일본어 연수과정을 수료한 자에게 간병 복지사 국가자격의 취득을 위한 양성학교에 입학할 수 있도록 체계를 구축한다.

구체적인 수용 인원에 관해서는 향후 양측이 협의하여 결정한다.

필리핀 정부는 출입국 관리와 노동허가 관련 수속을 간소화하고, 필리핀에 주재하는 일본인의 '출국증명 요금'의 부담을 줄이기 위한 제안을 포함, 사람들의 이동을 원활하게 하는 데 필요한 조치를 취한다.

2005년 가을부터는 의료와 간병 현장에 대한 외국인 노동자의 수용이 본격화된다.

간병인의 자격에 일본어를 잘 구사해야 한다는 장벽은

있지만, 그 동안 인력난으로 고민하던 간병 업계로서는 희소식이 아닐 수 없다. 지금까지 '물건 · 사람 · 돈' 중에서 돈과 물건은 활발하게 이동했지만, 노동력이 되는 사람의 이동은 매우 어려웠다. 과거의 협정을 살펴봐도 물품의 관세 철폐가 의제의 중심이었다.

그러나 이번 FTA에서는 사람의 이동이 주제가 되고 있다. 현재는 필리핀만이 아닌 태국, 말레이시아, 한국 등과 FTA 체결을 위해 협상을 하고 있다. 태국은 간병 노동자나 태국식 맛사지사들의 입국을 요구하고 있으며, 한국은 의료 서비스 시장을 개방하라고 요구하고 있다.

이에 대해 일본 국내의 노동력을 확보하기 어려운 지방에서 수용하자는 목소리가 높다. 그런 한편으로 외국인 노동자의 수용에 관해서는 신중히 결정해야 한다는 견해도 많다. 일본에는 수많은 외국인들이 살고 있는데, 불법체류 외국인은 필리핀 여성들만 해도 연간 7만~8만 명이 강제송환되고 있다.

이런 이유에서 필리핀인 간병인을 수용하게 되면 많은 필리핀인들이 쇄도하여 노동시장에 혼란이 일어날 것이라고 우려하는 목소리도 있다.

예전에 필리핀의 아키노 전 대통령을 만났을 때 이 문제로 토론한 적이 있었다. 아키노 전 대통령은 "간호사 자격이 있는 사람들은 비교적 급료가 높아서 언어사용의 문제가 적은 미국을 선호한다"고 말했다. 실제로 제도를 실시해 보지 않으면 알 수 없는 부분이 많기 때문에 신중하게 진행할 필요가 있다.

한편, 외국인 범죄의 증가를 우려하는 사람들도 있다.

그러나 외국인 범죄는 지역사회가 잘 기능하기만 하면 충분히 줄일 수 있다. 내가 프랑스에 유학했을 당시에도 언어는 서툴렀고 프랑스인들에게 나는 당연히 외국인이었다. 그러나 상점에 물건을 사러 가면 신선한 생선이 있다거나, 여러 가지 육류를 추천해 주었다.

이런 대화를 통하여 자연스럽게 프랑스어를 공부하게 되고 친구들도 사귀게 되었다. 이런 식으로 외국인을 지역사회에 흡수해 나갔다. 어쨌든 간병에 있어서 인력부족은 피할 수 없는 현상이므로, 외국인 노동자들을 수용할 태세를 갖추어야 할 시점이 된 것 같다.

만약 이를 수용하지 않고 거부만 한다면 미래에는 로봇이 간병을 대신하게 될지도 모른다. 미래의 일이기는 하지만 나는 간병 로봇이 우리를 돌봐주게 될 것이라고 생각한다. 그러나 어디까지나 로봇이 할 수 있는 일에는 한계가 있다. 예를 들어 곧 죽음을 눈앞에 둔 고령자가 침대에 누워 있다고 하자. 이 노인의 손을 붙잡고 삶의 마지막을 함께하면서, 따뜻한 말 한 마디라도 건네주는 일은 로봇이 할 수 없다.

만약 내가 간병을 받는다면 말이 통하지 않더라도 인간에게 부탁하고 싶다.

간병도 IT화해야 한다

IT는 의료나 간병에 대한 정보화에도 도움이 된다.

의료나 간병의 IT화로 본인이나 가족의 부담을 줄이고, 국가 차원에서 의료 비용이나 간병 비용을 줄여 나가야 한다.

이미 간병에서는 IT화가 효과를 내기 시작하고 있다. 치매에 걸린 사람은 아무도 모르게 외출하여 배회하는 일이 종종 있다. 행방불명된 고령자를 찾으려면 많은 시간이 걸린다. 자식들이 일을 접어두고 배회하는 부모를 찾아 돌아다녀야 한다면, 그만큼 경제활동에도 악영향을 미치게 된다. 만약 이런 일이 전국에서 발생한다면 그 손실은 막대할 것이다.

그래서 배회하는 고령자를 찾기 위한 위치 추적 시스템의 중요성은 예전부터 인식되어 왔다. 배회하는 습관이 있는 고령자의 의복에 기기를 장착해 둔다면 그런 노력을 줄일 수 있을 것이다.

최근에는 휴대전화에 GPS 기능이 장착되어 있는 기종이 발매되고 있다. IT 기술 덕분에 이 문제는 해결되는 방향으로 나아가고 있다.

또한 IT 기술의 발전으로 인해 장애인의 능력을 활용할 수 있는 범위도 넓어지고 있다.

노멀라이제이션(normalization)이라는 개념에 입각한 사고방식, 즉 장애인도 정상인과 마찬가지로 사회생활을 영위하고 경제활동을 하며, 당연히 부를 창출할 수 있도록 해야 한다.

10개의 손가락 중에서 9개를 잃은 상황에서도 남은 한 손가락으로 글을 쓰고 인터넷으로 정보를 수신하고 발신할 수 있다. 그리고 최근에는 손가락이 없어도 컴퓨터가 눈꺼풀의 움직임을 감지하여 음성화하거나 문장화할 수도 있다.

이처럼 정보화 사회는 장애인에게 복음을 가져다 준다. 오늘날 이 문명의 도구를 활용하지 않는 곳은 없다. 고령자와 장애인과 정상인이 함께 도우면서 생활할 수 있는 사회를 실현하기 위해, 정부가 앞장서서 정보화 기기를 널리 이용할 수 있도록 해야 한다.

북유럽을 본받다 — 노멀라이제이션의 개념이 통하는 사회

일본이 간병보험을 도입하였지만, 사회 전체를 들여다보면 아직도 장애인들이 살기 좋은 사회라고 말하기는 어렵다. 덴마크에서는 1959년에 '노멀라이제이션', 즉 아무리 장애가 심한 사람이라도 주택가의 보통 집에서 평범하게 생활을 할 권리가 있다는 사고방식을 법률로 제정해 놓았다. 그 후 1982년에는 고령자 의료복지제도 개혁위원회가 다음과 같은 3원칙을 제안했다.

① 잔존 기능(자기 자원)의 활용

② 인생의 지속성의 존중

③ 자기 결정의 존중

각각의 사항을 한번 살펴보도록 하자.

1. 잔존 기능(자기 자원)의 활용

극단적인 예로 일본에서는 한쪽 팔이 없으면 본인도 주변 사람도 '일을 할 수 없다'고 생각한다. 그러나 노멀라이제이션의 사고방식이 침투해 있는 북유럽에서는 아직 한쪽 팔이 남아 있기 때문에 어떻게 일을 할 것인지를 모색한다. 이것이 '잔존 기능(자기 자원)의 활용'이다.

이는 고령자에게도 동일하게 적용된다. 나이가 들고 정년이 되었다고 해도 지금까지 축적해 온 능력이나 지혜는 사라지지 않는다. 남아 있는 능력을 활용하여 삶의 보람을 느끼며 지역사회에 도움을 줄 수 있어야 한다.

2. 인생의 지속성의 존중

두 번째로 '인생의 지속성의 존중'이다. 사고로 인해 장애인이 되면 더 이상 일하지 못하게 되거나, 쇼핑을 할 수 없게 되어 인생이 급변할 수 있다. 따라서 이렇게 사고로 장애인이 되어도 생활을 지속할 수 있도록 해야 한다.

고령자의 경우에는 대부분의 사람들이 나이를 먹어도 자택에서 살고 싶어하기 때문에, 시설보다는 가능하면 자택에서 살 수 있도록 해야 한다. 이를 실현하기 위해서는 가정에 도우미를 파견해야 한다. 이렇게 자택에서 머물 수 있도록 지원하고, 자택에서 오랫동안 살 수 있도록 하는 개념이 지속성의 원칙이다.

3. 자기 결정의 존중

세 번째는 '자기 결정의 존중'이다. '나는 영화를 보러가고 싶다'고 스스로 결정할 수 있느냐의 여부이다.

휠체어를 타면 이동에 제약을 받기 때문에 버스를 타고 영화를 보러 간다는 것은 쉬운 일이 아니다. 결국 자기 결정을 할 수 없는 것이다. 따라서 이런 장애를 갖고도 자기 결정이 가능한 사회를 만들어야 한다. 이는 고령자들도 마찬가지다. 나이가 들어도 치매에 걸리지 않았다면, 당연히 지금까지 해 왔던 것처럼 자신의 일은 스스로가 결정할 수 있어야 한다.

덴마크는 위의 3원칙을 실현하기 위해 사회복지는 기본적으로 공공예산으로 충당하고 있다. 국가예산에서 사회보장비가 차지하는 비율은 3분의 1이나 된다. 또 복지에 지출되는 비용의 40% 이상이 고령자와 장애인을 위한 것이다.

65세 이상의 고령자 수는 약 79만 명(총인구의 약 16%)까지 올라간다. 그럼에도 불구하고 재택 간병제도의 혜택을 받는 독신 고령자 수는 많고, 누워서 지내는 고령자가 적다는 특징이 있다.

일본에서는 노인복지관계 시설의 보급이 늦어지고 있으며, 현재 시설을 이용하는 고령자 수도 영국의 9분의 1, 덴마크의 17분의 1에 지나지 않는다.

재산의 정리는 생전에 하라!

치매에 걸리기 전의 재산관리

치매에 걸린 노인의 재산관리를 어떻게 할 것인가에 관한 문제는 간병문제에 이어서 큰 사회문제로 대두되고 있다. 광열비 지불, 예금관리, 부동산 매매 등을 어떻게 관리할 것인가에는 큰 고민이 따른다. 이 문제는 종종 형제 간의 분쟁으로 이어져 골육상잔으로까지 발전하는 경우가 있다. 이런 문제에 대처하기 위해서는 시급하게 제도가 정비되어야 한다.

사실 간병보험과 병행하여 성년후견제도(成年後見制度)가 이미 1999년 12월에 도입되었다. 아직 이 성년후견제도를 이용하고 있는 사람은 소수에 불과하다. 이 제도는 자신이 치매에 걸렸을 때, 가족 등이 후견인이 되어, 자신을 대신하여 예금이나 부동산 등의 재산관리를 할 수 있도록 하는 제도이다.

성년후견제도는 아래와 같이 크게 두 가지로 나눌 수 있다.

① 법정후견제도: 본인의 의사와 상관없이 법률의 규정에 의해 후견인이 결정되고 보호를 받을 수 있다.

② 임의후견제도: 스스로 판단할 능력이 있을 때 후견인이 될 보호자를 선택하여, 사무의 집행을 의뢰해 둔다.

①의 경우, 예를 들어 노인성 치매에 걸린 사람이 있다고 하자. 본인은 완전히 판단 능력을 잃어 버렸지만, 본인 명의로 부동산이나 정기예금 · 주식 등이 있는 경우 실수로 누군가에게 증여한다는 계약을 하면 전 재산을 잃을 수도 있다.

만약 이런 경우, 본인에게 '의사결정 능력'이 없다는 것을 증명할 수 있으면 그런 증여계약은 무효가 된다. 그러나 실제로는 이를 증명하기(의사의 감정이나 변호사에게 의뢰하여 소송을 거는 등)가 매우 어렵다. 그래서 고령화 사회가 본격화되었다는 사실을 인식하고, 판단능력을 상실한 고령자(또는 정신적인 장애인)가 불이익을 당하지 않도록 성년후견제도가 마련된 것이다.

어머니가 치매에 걸리셨을 때에는 이 성년후견제도가 없었고, 금치산(禁治産) · 준금치산(準禁治産)이라는 제도밖에 없었다. 어머니는 대금지불이나 수령, 부동산 거래를 할 수가 없었기 때문에, 나는 가정재판소에 어머니에 대한 금치산 선고를 요청했다. 그리고 인정이 되어 내가 후견인이 되었다.

금치산이란 심신의 상실상태에 있는 사람이 스스로 재산을 관리할 수 없기 때문에 법률적 후견인을 세우는 방법이다. 가정법원에서 금치산 선고를 받은 사람을 금치산자라고 한다. 내 경우에는 어머니가 금치산자로, 내가 후견인이 된다.

'금치산'이라는 단어는 '금(禁)'이라는 문자가 포함되어 그다지 듣기에도 기분 좋은 말이 아니다. 금치산자가 되면 호적에도 기록이 남으며 폐인이 된 듯한 비참한 느낌을 준다. 또한 금치산자는 선거권도 박탈당하고 거의 모든 사회적 권리를 잃게 된다.

여기서 경미한 치매일 경우라면 어느 정도 사회적 행위를 인정해도 좋을 것이다. 그리고 '금(禁)'이라는 문자를 사용하지 않도록 하자는 취지에서, 1999년 12월에 성년후견제도를 도입한 것이다. 이 제도는 보호가 필요한 사람의 모든 사회적 능력을 박탈하는 것이 아니다. 일상생활에 필요한 쇼핑 등, 최소한의 행위를 본인이 할 수 있도록 한다.

이 제도가 도입되기 전에는 법원에 가서 번거로운 수속을 해야 했다. 그런데 현재는 ②의 임의후견제도가 있으므로 치매에 걸리기 전에도 후견인을 정할 수가 있다.

가족이 어려우면 변호사를 후견인으로 지정해 두는 것도 하나의 방법이다. 유언의 일종으로, 건강할 때 치매에 걸렸을 경우를 고려하여 부동산 등의 재산을 정리해 두는 것이다. 이렇게 하면 치매에 걸렸을 때 방송수신료나 전기·가스요금 지불 등 모든 처리를 변호사가 해 주므로, 안전하게 은행계좌를 관리할 수 있다.

간병보험은 모두가 이용하고 있지만 성년후견제도는 모르는 사람들이 많다. 그래서인지 제대로 이용되지 못하고 있다. 자신이 쓰러졌을 때 누가 기저귀를 갈아 줄 것인가? 누가 휠체어를 밀어 줄 것인가? 이런 걱정은 많이 하지만, 금전적인 관리에 있어서는 의외로 아무런 손을 쓰지 않는다.

또한, 후견인은 가족이 아닌 사람으로 결정되는 경향이 많다. 변호사에게 후견인을 부탁하는 것도 하나의 방법이다. 성년후견제도에서는 후견인을 가족으로 한정하지 않고 변호사 등 타인이라도 후견인이 될 수 있다. 가정 환경에 따라서는 제3자에게 맡겨두는 것도 하나의 방법이다. 타인에게 자신의 재산관리를 위임하는 것이 껄끄러울 수도 있지만, 가족의 경우에는 골육상잔이 일어날 위험도 크다. 예를 들어 장남이 후견인이 되면 부모가 소유한 토지 등을 쉽게 매각할 수 있기 때문이다. 물론 장남에게는 부모를 간병해야 하므로 매각할 권리가 있을지 모른다.

"부모의 토지를 마음대로 처분하지 마세요!"

"마음대로 한다고? 아무 것도 하지 않은 주제에!"

사실 이렇게 갈등의 씨앗이 되는 경우가 많다. 이런 경우를 방지하기 위해 제3자인 변호사에게 후견인을 맡기는 것이다.

어쨌든 가족이든 변호사 등의 제3자이든 후견인을 정해 두지 않으면, 치매에 걸린 부모의 재산은 위험할 수 있다. 판단이 흐려진 고령자의 자산을 노리는 범죄가 꾸준하게 증가하고 있기 때문이다. 이런 피해를 방지하기 위해서라도 치매에 걸리기 전에 성년후견제도를 이용할 것을 권유한다.

이 밖에도 민생위원(사회복지의 증진을 위해 노력하고, 보호에 관한 지도, 지역주민의 생활상의 파악, 복지시설의 업무에 대한 협력을 지원하는 민간인 봉사자)에게 부탁하는 방법도 있다. 그러나 같은 지역에 거주하는 사람에게 자신의 금전관리를 위임한다는 것은 사실상 거부감이 따른다.

이처럼 간병보험제도나 성년후견제도를 이용하는 것은 막상 어려움이 닥쳤을 때를 대비한 안심감을 확보하기 위한 수단이다.

21세기의 상식 '리빙 윌'

사람이 죽었을 때 1엔도 남기지 않는 것이 가장 이상적이다.

앞에서도 언급했듯이 장남만이 간병했을 경우 유언을 남겨두면 문제가 없을 것이라고 생각하는 사람도 있다. 분명 유언서가 분명하게 작성되어 있다면 문제가 되지 않는다. 단, 유언서 역시도 치매에 걸리고 나면 작성할 수 없기 때문에 이른 시점에 만들어 두어야 한다.

리빙 윌(living will)이라는 단어가 있는데 리빙은 '사는 것', 윌은 '의지' 또는 '유언서'를 가리킨다. 즉 건강할 때 자신의 의지를 분명하게 문서에 남겨두는 것을 리빙 윌이라고 한다.

재산을 남길 경우 배분하는 방법은 자유다. 그러나 자녀가 3명일 경우, 효도하고 자신을 위해 많은 돈을 사용한 자녀에게 80%를 물려주고, 나머지는 다른 2명에게 물려준다는 것을 명확하게 유언서에 적어두어야 한다.

간병 다음에는 종말기의 치료, 그리고 죽음이라는 문제에 직면하게 된다. 실제로 내 경험상 어머니가 몇 번이나 위기상태에 놓여 그때마다 어떤 연명치료를 실시할 것인지,

인간으로서의 존엄성을 지키기 위해 어디까지 치료를 해야 할 것인지에 대해 많은 고민을 해야 했다. 의사도 그런 고민을 한다.

만약 치매에 걸리기 전에 미리 "만약의 경우에는 이 정도의 치료로 끝내라"고 어머니가 명확하게 제시해 두었다면, 자녀들뿐만 아니라 의사도 고생을 하지 않았을 것이다.

모든 사람들에게 예외 없이 찾아오는 죽음 앞에서 인간의 존엄을 지키려면 어떻게 해야 할까? 입, 코에 관을 연결하여 영양을 보급받으면서 생존하는 환자에게 연명치료를 실시한다는 것은 상당히 복잡한 문제이다. 회복될 조짐이 없는 환자를 위한 연명치료는 많은 시간이 소요된다. 뿐만 아니라 손이 많이 가기 때문에 결국 국민들의 의료비를 높이게 된다고 지적하는 목소리가 크다. 냉혹하다고 비판할 수도 있지만, 국가의 재정이 파산하면 결국 국민들이 손해를 보게 된다.

이 때문에 고령자가 되면 자신의 의지로 연명치료를 거부한다는 내용을 문서로 남겨 두는 리빙 윌이 필요하다.

국민의료비가 연간 30조 엔, 그 중에서 노인 의료비가 10조 엔이나 지출되는 시대다. 국민을 위한 보험제도를 유지하기 위해서는 연명치료에 대한 명확한 인식, 즉 리빙 윌의 중요성을 재음미해 보아야 한다.

리빙 윌을 명기할 때는 장기 제공에 대한 의사도 표시할 수 있다. 리빙 윌 제도는 더욱더 폭넓게 인식되어야 한다. 또한 연명치료에 대한 문제는 의사가 암을 선고하고, 증상이나 치료방침을 알기 쉽게 설명하고 환자의 동의를 얻는 일과 병행해서 확대되도록 해야 한다. 부디 리빙 윌 제도를 잘 활용하기 바란다.

자손에게 재산을 남기지 않는다

인생의 마지막 순간을 맞이할 때, 정말로 행복한 인생이었다고 생각하면서 죽음을 맞이하고 싶을 것이다. 그러나 마지막 순간이 언제 올 것인지를 알 수는 없다. 암 말기 선고를 받고도 의외로 오래 살아갈 수도 있고, 교통사고로 갑자기 죽게 될 수도 있다.

그러나 변하지 않는 사실 중의 하나는 언젠가는 죽는다는 것이다. 평범하게는 평균 수명 80세 전후로 삶을 마칠

확률이 높다. 이런 경우라면 후회 없이 세상을 떠날 수 있도록 준비를 해 두어야 한다.

"자손에게 밭을 남기지 말라!"라는 말이 있다. 이런 의미에서도 상속세는 높이는 편이 더 낫다. 상속시키려고 거액의 재산을 모아 두었다면 죽기 전에 사용해야 한다. 자녀들에게 많은 재산을 남겨 주어도 불행해지는 경우는 얼마든지 볼 수 있다.

자녀가 하나뿐이라면 몰라도 3형제를 둔 부모가 쓰러졌다고 하자. 간병할 수 있는 자녀와 부모님과 거리가 멀거나 여러 상황 때문에 간병할 수 없는 자녀로 갈라질 것이다. 부모가 70세 때에 병상에 누웠을 때, 자녀들은 이미 중년이 되어 각자 가정을 갖고 있을 것이다. 또 아이들의 교육비나 주택 대출금 상환 때문에 경제적으로 어려운 입장에 있을 것이다. 그런 와중에 부모의 간병을 맡는다는 것은 매우 어려운 일이다.

3형제 모두가 가정을 갖고 있을 경우, 간병은 흔히 장남이 맡게 된다.

장남은

"우리만 하라는 법 있나? 둘째도 하라고 해!"라고 할 것

이며,

둘째는

"여유가 없으니 셋째에게 맡기자!"고 말한다.

슬프지만 이렇게 부모의 간병을 서로에게 전가할 수 있다. 이를 계기로 형제 관계가 삐걱거리게 되는 일을 자주 볼 수 있다.

나 역시 비슷한 경험을 했는데, 간병이란 스트레스가 쌓이는 일이다. 스트레스뿐만 아니라 시간도 많이 들고 돈도 많이 들게 된다. 형제 중에서 누군가는 경제적으로 지원을 해 주어야 한다. 그러다가 부모가 세상을 떠났을 때, "간병을 소홀히 했으니 유산은 꿈도 꾸지마!"라고 말할 수 있다.

민법상으로는 부모가 3억 엔의 유산을 남기고 세상을 떠났을 경우, 세 자녀는 똑같이 1억 엔씩을 상속할 수 있다. 장남은 부모를 간병하기 위해 돈과 시간을 사용했다. 그런데 모른 척하고 있던 형제들에게도 똑같이 상속된다는 사실은 도저히 납득할 수 없는 일이다. 이 때문에 갈등이 일어나는 것이다.

그러나 법률적으로는 모두에게 똑같이 상속되도록 규정되어 있다.

이런 문제는 '우리 가족은 사이가 좋아서 괜찮아요' 라고 생각하는 경우에도 종종 발생한다. 유산을 하나도 남기지 않는 것은 자녀들에게 분쟁의 씨앗을 남기지 않는 방법이다. 기본적으로 돈이나 보석, 토지, 주택 등의 유산은 상속시키지 않는 것이 좋다.

부모가 모아 둔 돈이므로 노후를 충분히 즐기면 되는 것이다. 재산은 살아 있는 동안에 삶을 풍요롭게 하기 위해 사용되어야 한다.

자녀를 위한 투자— 유대인과 화교들에게 배운다

그럼에도 불구하고 자녀들을 위해 유산을 남기고 싶을 것이다. 나는 그런 사람들에게 교육에 돈을 투자하라고 조언하고 싶다.

지식이나 기술 등을 몸에 익혀 두면 쉽게 없어지지 않는다. 학비는 들어가겠지만 자녀의 몸에 익혀 둔 지식과 기술이 자녀의 장래에 반드시 도움이 될 것이다.

이치로가 가장 좋은 예라고 할 수 있다. 그는 메이저리그에 진출한 첫 해에 최다 안타와 최고 타율을 기록하며 최우수 선수로 선정되었다. 2년 후에는 한 시즌에 264안타를 쳐서 84년이나 된 메이저리그 역대 최다안타 기록을 갈아 치웠다. 2005년에는 5시즌 연속 200안타 이상을 기록한 최초의 메이저리거가 되었다. 그는 어렸을 때부터 아버지에게 야구를 배웠다고 한다. 아버지가 이치로에게 타격 연습을 시키기 위해 매일 연습장에 데리고 다녔다고 하니 비용도 만만치 않게 들었을 것이다. 그 결과 이치로는 야구의 본고장인 미국에서 최고의 선수가 되었다.

음악에 재능이 있는 자녀라면 개인교사를 두거나 해서 음악가로 키우는 것도 좋다. 그림을 좋아하고 재능이 있는 자녀라면 피카소처럼 화가를 목표로 투자해도 좋을 것이다. 이것은 극단적인 사례일지도 모르지만 선택지는 다양하다. 그러니 자녀교육을 위해 돈을 투자하라.

경제적으로 여유가 있다면 유산으로 남겨 두지 말고 생전에 자녀들이 충분히 교육을 받을 수 있도록 해 주는 것이 가장 좋다. 자녀가 이미 성인이 되었다면 그 돈을 손자들을 위한 교육비로 지원하면 된다. 그렇다. 장난감을 사줄게 아니라 손자들이 많은 것을 배울 수 있도록, 추가로 소요되는 교육비를 부담해 주자.

해외에서 활동하는 유대인이나 화교들도 재산을 이렇게 사용한다. 유대인은 나치 치하의 강제수용소에서 600만 명이나 학살당했다. 그리하여 수많은 유대인들은 고향을 등지고 전 세계로 망명했다. 유대인은 세계 인구의 0.25% 정도이지만 약 700명의 노벨상 수상자 중에서 아인슈타인을 비롯하여 무려 20% 이상을 차지한다. 호주의 정신과 의사로 치료법 및 심층심리학으로 유명하고 정신분석학을 확립한 프로이드(1856~1939), 독일의 경제학자 · 철학자 · 혁명가로서 과학적 사회주의를 창시한 칼 막스(1818~1883)도 유대인이다. 왜 이토록 유대인들의 뛰어남이 두드러지는 것일까? 이들의 공통점은 부모가 자녀의 교육에 많은 투자를 했다는 점이다.

토지를 갖고 있던 사람들은 히틀러에게 전부 몰수를 당하고 그곳에서 쫓겨났다. 돈이나 보석도 갖고 갈 수 없었고 붙잡히면 모든 것을 빼앗겼다. '박해를 받으며 재산은 빼앗길 수 있지만, 교육을 통해 얻어진 지식은 아무도 빼앗아갈 수 없다'고 생각하여 공부를 시켰던 것이다. "교육비는 생활비를 쪼개서라도 충당하라!" 이것이 박해를 받던 유대인들이 깨달은 그들만의 지혜였다.

또한 중국인 및 자손인 화교들도 유대인과 마찬가지로 세계 곳곳에 살고 있다. 화교는 자녀들에게 두 가지의 기술을 가르친다고 한다. 즉 미용기술과 요리이다. 인간이라면 누구나 머리가 자라기 때문에 미용사로서의 기술을 익혀 두면 세계 어느 곳에서도 살아갈 수 있을 것이다.

요리사도 마찬가지이다. 일본에도 중화거리나 수많은 중국 요리점이 있다. 사람은 누구나 당연히 배가 고프게 되어 있다.

이 두 가지는 세상의 수많은 직업 중에서도 실생활에서 현금을 벌어들일 수 있는 대표적인 일들이다. 해외로 일을 하러 나간 중국인들은 먼저 이 두 가지의 직업을 갖게 되고, 한 푼 두 푼 벌어 자본을 만들어 큰 사업을 시작한다. 이렇게 해서 세계 곳곳에 화교 네크워크가 구축되었다. 화교들도 세계 여러 나라를 떠돌면서 나름대로의 지혜를 익히고 계승한 것이다.

직업을 가진 어머니의 불만은 국민의 불만

자녀의 교육에 투자하는 것은 아이를 위해서만이 아니라 국가의 구성원으로서도 중요하다. 앞서도 언급했지만 출산율이 계속해서 낮아지고 있다. 생활의 변화로 자녀를 원하지 않거나 결혼을 하지 않는 여성들이 증가했기 때문이다. 자녀를 낳아도 경제적으로 어렵기 때문에 출산을 기피하는 부부도 많다. 또 육아 때문에 어머니들이 직장에 다닐 수 없게 되어 아버지의 월급만으로는 생활이 불안하기 때문이다.

그러나 현재의 인구를 유지하기 위해서는 한 사람이 최저 2명의 자녀를 출산해야 한다. 그러나 출산만은 정부가 마음대로 할 수 없는 문제이다. 정부는 출산을 많이 할 수 있는 환경, 출산을 원하는 환경을 만들어 나가야 한다.

현재 일본에서 여성이 사회활동을 할 때 두 가지의 장해에 부딪힌다. 하나는 결혼하여 출산을 했을 때이고, 또 하나는 간병의 문제이다. 간병은 여성만이 아니라 남성도 공유해야 할 문제이다. 그러나 육아나 간병은 하루 종일 얽매이는 성질의 것이므로 일을 하려는 여성들에게 무거운

짐이 되고 있다.

예를 들어 자녀가 생겨서 일을 그만두고 육아에 전념한 지 20년이 지났다. 자녀가 자라서 대학을 졸업하고 취직하게 되었다고 하자. 어머니는 이제 겨우 일을 할 수 있는 여유가 생겼다. 그래서 자신의 능력을 살리려고 생각했는데 이번에는 본인이나 남편의 부모가 병상에 누워 간병을 해야 한다. 또다시 일을 할 수 없게 된 것이다.

이렇게 육아와 간병은 항상 여성들을 구속하고 있다.

IT로 여성의 능력이 2배로 살아난다

가사와 일을 양립할 수 없는 여성(또는 남성)에게 있어서 인터넷은 구세주나 다름없다. 앞서 언급했지만 육아는 여성들이 일을 할 수 없게 하는 가장 큰 이유 중의 하나이다. 아이를 보육원에 맡기기 위해 데리고 다녀야 하고, 아이에게 음식을 만들어 먹여야 한다.

보육원에 아이를 데리러 제시간에 가야 하는 문제는 최근에는 전화를 걸어서 연장할 수 있도록 하는 융통성이 생겼다. 아이가 걱정되면 인터넷을 통하여 보육원의 상황을 살펴볼 수 있는 서비스를 실시하는 보육원을 이용할 수도 있다. 이런 서비스를 이용하면서 안심하고 일을 할 수 있게 된 것이다.

또 저녁식사를 준비하기 위해 일부러 수퍼에 가지 않아도 인터넷을 통하여 어지간한 식재료는 구할 수 있게 되었다. 도시락도 하나의 대안이 될 수 있다. 저녁식사를 도시락으로 처리한다고 하면 지나치다고 생각할지도 모른다. 그러나 지금까지 여성들이 저녁식사 때문에 얼마나 많은 시간과 노력을 소모했는지를 생각하면 결코 지나치다고 할 수 없다.

가령 능력이 뛰어난 여성이 1시간에 3만 엔을 번다고 하자. 이 여성이 1시간 동안 집안 청소를 하면 3만 엔이 손해다. 그러나 청소 전문가를 2,000엔에 고용하면 3만 엔을 벌어서 2,000엔을 지불하는 것은 효율적이다. 요리, 세탁 등 무엇이든 그렇게 할 수 있다.

"여자는 가능하면 직접 요리를 만들고 집을 지켜 주면 좋겠는데…"라는 발상을 하는 사람은 거부감을 느낄 것이다. 물론 모든 일을 인터넷이나 외부에 맡겨서 효율만을 중시하고 기계화되고 있다는 생각을 할 수도 있다. 그러나 한번 잘 생각해 보자. 청소기나 세탁기, 냉장고 등의 가전제품은 예전과 비교하여 훨씬 더 발달했다. 그 결과 여성들의 가사노동을 큰 폭으로 줄여 주었다. 인터넷도 이들 가전제품과 마찬가지로 똑같이 사용한다고 해서 전혀 이상할 게 없다는 것이다.

IT는 인간성 회복을 위해 사용되어야 한다. 무엇을 위한 효율화이며 무엇을 위한 아웃소싱인가? 당연히 인간성 회복을 위한 것이어야 한다. 다시 말해 모두가 적재적소에서 또 특별한 분야에서 능력을 발휘할 수 있게 되면, 생산성도 향상되고 전체적으로 노동시간을 단축할 수도 있다. 그리고 남은 시간을 여가로 활용할 수 있게 된다. 전국적으로 노동의 효율화가 진행되면 주말 3일제도 가능할 수 있을 것이다. 이것의 가능성을 실현해 줄 수 있는 것이 바로 IT인 것이다.

컴퓨터를 제대로 사용하자

이처럼 컴퓨터는 매우 편리한 도구이다. 그런데 의외로 집에 있는 컴퓨터를 사용하지 않고 놓아두는 사람들이 많다.

'컴퓨터는 왠지 싫어!'라고 생각하는 사람도 있다. 이런 사람들은 컴퓨터에 대해 막연하게 차가운 기계라는 인상을 갖고 있기 때문이다.

하지만 지금부터라도 늦지 않았으므로 컴퓨터를 사용할 수 있도록 해 두어야 한다. 컴퓨터는 미래에도 더 나은 생활을 위해 꼭 필요한 도구가 될 것이다.

한편, 컴퓨터를 통한 범죄가 사회적으로 문제가 되고 있다. 자녀들이 그릇된 정보나 영상을 컴퓨터로 간단히 얻을 수 있기 때문이다. 분명 컴퓨터는 이런 부정적인 측면도 갖고 있다.

그러나 중요한 것은 컴퓨터라는 도구보다 그것을 사용하는 인간이다. 칼도 사용하기에 따라서는 요리하는 도구가 되기도 하고 사람에게 위협을 가하는 흉기가 될 수도 있다. 컴퓨터도 생활을 충실하게 해 주는 도구로 이용해야 한다.

요즘에는 정년 후에 컴퓨터를 이용하여 재택 근무를 하면서 수입을 올리는 사람들도 있다. 예를 들어 도예를 취미로 하고 있는 사람이 접시를 만든다고 하자. 홈페이지를 개설하여 도예의 기법을 소개하거나 도자기를 팔 수도 있을 것이다. 점포를 마련하기 위해 돈과 시간을 허비하지 않고서도 비즈니스를 할 수 있게 된 것이다.

또 컴퓨터를 활용하여 자원봉사 활동을 위한 네트워크를 확대할 수도 좋다. 젊은이들과 교류를 하고자 할 때 컴퓨터가 있다면 공유하는 통신수단이 생기게 되는 셈이다.

이렇듯 컴퓨터는 인간을 위해 존재하므로 컴퓨터를 제대로 사용하여 취미를 넓혀 나가자.

재정계획을 세우기 위해서 밸런스시트를 작성할 때에도 컴퓨터를 이용하면 편리하다.

디플레이션 시대라고 하여 계속 움츠려들지 말고 전향적으로 생각해야 한다. 지금까지 50년간 살아온 행동양식을 재검토하고, 컴퓨터를 이용하여 새로운 시도를 해 볼 필요가 있을 것이다.

필자 역시도 IT 기술의 발달 덕분에 많은 혜택을 받았다. 예전에는 어머니의 간병을 위해 1주일에 한 번은 도쿄와 큐슈를 왕복했다. 또 본업과 방송 출연, 강연 이외에도 원고를 집필하고 있었다. 컴퓨터가 보급되기 이전에는 열차 안에서 글을 써서 도착한 다음 팩스로 전송하곤 했다. 이런 방식으로는 원고의 마감을 맞추기가 매우 힘들다. 그래서 진땀을 흘린 적이 한두 번이 아니었다.

그러나 지금은 열차 안에서 원고를 파일로 첨부하여 상대방에게 전송할 수 있다. 이로써 전국 어디에 있든 일을 할 수 있게 되었다.

이제는 더 이상 무거운 서류를 들고 걸어다닐 필요가 없어진 것이다. 노트북 한 대만 있으면 원고를 쓸 수 있는 것은 물론, 갑자기 자료나 데이터가 필요할 때에도 대부분의 정보를 검색할 수가 있다.

예전에 어떤 출판사로부터 막부에 의한 대대적인 반대파 숙청에 관하여 집필해 달라는 의뢰가 있었다. 대강의 지식은 있었지만 책을 쓰려면 구체적인 자료가 필요했다. 그래서 인터넷에서 신간과 구간 등, 도움이 될 만한 자료를 선별하여 주문을 하자 3일 후에 자료가 도착했다. 자료를 읽고 확인한 다음 컴퓨터에서 워드 작업을 해서 이메일로 편집자에게 발송하자 끝이었다.

예전에는 중고서점을 돌아보면서 이런 저런 책을 구입했었다. 그런 다음 연필로 원고지에 글을 써서 우편으로 발송했다.

지금 생각해 보면 상당히 느린 방법이라고 할 수 있다. 물론 나쁘다는 것은 아니다. 이런 작업도 때로는 즐거움을 준다. IT화가 되어 모든 일이 효율적이지만, 오히려 더 따분한 일일 수도 있기 때문이다.

그러나 관점을 바꾸면 남는 시간을 다른 곳에 더 유익하게 활용할 수 있을 것이다. 컴퓨터는 사용하는 방법에 따라 편리한 도구가 될 수 있다.

맺음말

1945년에 2차 대전이 끝나고 60년이라는 세월이 지났다. 이 동안 국가를 재건하기 위해 일본은 전력을 다해 일을 했다. 1960년대에는 고도 경제 성장기를 구가했다. 1970년대에는 공해문제와 사회보장제도를 정비하여 선진국 대열에 합류했다. 1980년대에는 경제적으로는 세계 최고의 수준으로 발전하게 되었다. 그러나 1990년대에는 거품이 붕괴되어 심각한 불황에 빠지게 되었다. 이 불황은 21세기가 되어도 극복되지 않고 있으며, 길고 어두운 터널은 지금도 그 끝이 보이지 않고 있다.

이러는 사이 산업구조에는 커다란 전환이 일어났다. 특히 서비스 산업의 국제 경쟁력을 향상시키기 위해 많은 조치들이 취해졌다. 예를 들어 금융계에서 빅뱅이 일어난 것이다. 1990년대의 불황은 수많은 기업과 은행들을 파산하게 만들었다. 이렇게 일본 사회를 안정적으로 이끌었던 사회의 체계가 크게 흔들리게 된 것이다.

예전에는 일반적으로 회사에 취직하면 정년까지 일을 할 수 있었다. 그리고 월급도 나이에 따라 자동적으로 인상되었다. 임원들에게는 사택도 제공되었고, 유원지에는 회사 소유의 휴양시설도 있었다. 그야말로 기업 전체가 개인을 보살펴주고 생활을 윤택하게 지탱해 주었다.

그러나 이런 상황은 일부 대기업을 제외하면 과거의 일이 되고 말았다. 이제는 샐러리맨 개인이 자신의 생활을 설계해야 한다.

금융기관들도 마찬가지다. 금리 자유화로 인하여 자택이나 직장과 가까운 곳에 위치한다는 이유만으로 이용하지는 않는다. 시대의 변화에 따라 스스로의 판단이 요구되고 있는 것이다.

실패하든 성공하든 그것은 어디까지나 개인의 재능과 능력에 의해 좌우되는 시대가 된 것이다. 이를 자유화라고 할 수 있다. 시대의 변화에 뒤떨어지지 않고 즐거운 정년 후의 삶을 살기 위해 어떤 준비를 해야 할 것인지를 잘 생각해 보아야 한다.

이 책의 집필에 있어서 소학관의 부편집장인 무로타 히로 씨, '라이트 스텝 오피스' 사의 사노 코이치, 오노 켄지 두 분에게 많은 신세를 졌다. 또한 마스조에 정치경제연구소의 요코다 켄이치, 미치르, 츠유키 시게유키, 아라이 치에코, 이 모든 분들이 자료를 정리하는 데 많은 도움을 주었다. 지면을 빌려 감사드리고 싶다.

2005년 6월 길일

마스조에 요이치

3040부터 시작하는

행복한 실버 디자인

초판 1쇄 인쇄 | 2006년 8월 5일
초판 1쇄 발행 | 2006년 8월 10일
지은이 | 마스조에 요이치
옮긴이 | 이성현
발행인 | 강희일 · 박은자
발행처 | 다산미디어
디자인 | 민하디지탈아트 (02)3274-1333

주소 | 서울시 마포구 용강동 494-85 다산빌딩 402호
전화 | 717-3661
팩스 | 716-9945
이메일 | dasanpup@hanmail.net
홈페이지 | www.dasanbooks.co.kr
등록일 | 2005년 7월 14일
등록번호 | 제313-2005-151호

ISBN 89-86316-08-0 03330
정가 10,000원

다산미디어 신간 안내

3040부터 시작하는 행복한 실버 디자인

마스조에 요이치 지음 | 이성현 옮김 | 10,000원

재정계획에서 삶의 보람까지!
즐거운 미래와 행복한 노후를 위한 입문서!
이 책은 50대 이후의 즐거운 삶을 설계하는 방법을 제시한
인생 지침서이다.

놀라운 메모의 기술

나카지마 다카시 지음 | 양영철 옮김 | 212면 | 9,000원

기록과 전달만이 메모의 전부는 아니다!
자신의 수첩을 최강의 비즈니스 무기로 바꾸는 메모의 기술은?
15명의 '업무처리 달인' 의 비법을 훔쳐라!

도덕경에서 배우는 인생경영

동방로또우 지음 | 남종진 옮김

내 인생의 나침반이 되어 주는 81가지 지혜!
도덕경에 담긴 자연과 인생, 그리고 사회에 대한 오묘한 깨우침을
현대적 감각으로 재미있게 풀어냈다.

역경의 지혜로 미리 보는 세상살이

동방원루이 지음 | 이성호 옮김

세상만물 64괘에 담긴 삶의 깊이와 철학!
"행복할 때에 교만하지 말고, 불행할 때에 좌절하지 말라." 역경은
진정 올바른 인생살이와 현명한 처세가 무엇인지를 일깨워준다.

채근담이 일러주는 삶의 가르침

동방원루이 지음 | 남종진 옮김

일과 휴식의 즐거움을 알려주는 360가지 처세술!
인간의 수양과 처세를 담은 주옥 같은 명구!
채근담은 나물을 씹듯 은은한 삶의 향기를 맛보게 한다.